教育部人文社会科学研究一般项目资助

QIQU DE GAOYUAN

LIANGXING DE ZIRAN SHUXING
YU SHEHUIYANSHEN

崎岖的高原

——两性的自然属性与社会延伸

李劼 著

中央民族大学出版社
China Minzu University Press

图书在版编目（CIP）数据

崎岖的高原：两性的自然属性与社会延伸/李劼著．—北京：中央民族大学出版社，2012.8

ISBN 978-7-5660-0225-9

Ⅰ.①崎…　Ⅱ.①李…　Ⅲ.①少数民族—性别差异—研究—西南地区　Ⅳ.①C913.14

中国版本图书馆 CIP 数据核字（2012）第 128186 号

崎岖的高原：两性的自然属性与社会延伸

作　　者	李　劼
责任编辑	吴　云
封面设计	汤建军
出 版 者	中央民族大学出版社 北京市海淀区中关村南大街 27 号　邮编：100081 电话：68472815（发行部）传真：68932751（发行部） 68932218（总编室）　68932447（办公室）
发 行 者	全国各地新华书店
印 刷 厂	北京宏伟双华印刷有限公司
开　　本	880×1230（毫米）　1/32　印张：7.375
字　　数	200 千字
版　　次	2012 年 8 月第 1 版　2012 年 8 月第 1 次印刷
书　　号	ISBN 978-7-5660-0225-9
定　　价	19.00 元

自 序

一

自序应对本书所有章节的缘起与分类有一个交代，但首先令人烦恼的是给本书选择一个什么样的名字，漫想一番，初拟“崎岖的高原”，但似过于空阔；又想到“性别的天成与养成”，可以统领本书，却看似没有中心的思考。最后，决定使用“崎岖的高原——两性的自然属性与社会延伸”。

世界上高原不少，但像云贵高原这样面积广阔、地貌崎岖的高原是少见的。从三维地图上看，该区山河纵横，且纠结成团，相对高差常常在千米以上，从位于四川甘孜境内海拔高达7556米的贡嘎山到滇南低热河谷，其间的高差竟有7000余米。整个区域山脉雄伟，河谷纵横，气候复杂，物种多样，山势奇峻，这样的地理自然状况必然会对人们关于天地万物及其与人类关系的认知有所影响。而人的雌雄二性、生老病死亦一自然，与天地万物彼一自然，相互渗透，成为性别形成的自然因素。

在这样的自然背景下，不同的人根据自己的知识构成，对两性角色的状况必将生发出相关的认知预期，这些纷繁的预期将与书中各章节的讨论形成呼应，也许会催生出一些新的火花。

正是因为雄浑崎峻的地貌，西南一直是一个“捏不拢”的地域，考虑到在中国历史上有很多以地域为特定区域空间而成长起来的那些有鲜明地方特色的文化传统与人们群体的历史空间，如江南、中原、关中、汉中、陇右、关东、江汉、岭南等，它们都不是行政区划的名称，但却是拥有某些相对一致的内部特征的人文地理区域，每一个名称都不由让人浮想联翩，然而西南却没有形成相对一致的区域文化。也许，川西成都平原可以算一个。云、贵、川三省的面积达一百余万平方公里，而且自战国以来就与中原王朝有着间接或直接的联系，然而，何以在国家力量的整合下，两千多年来却难以像关中、江南一样在历史上留下一个整体的人文地理印象呢？这其中，地貌崎岖是一个关键的因素。

因为地貌崎岖，这里难以成为庞大的人们群体的集中栖居之所，但小规模的人们群体却在此生生不息，各具风流；因为地貌崎岖，这里藏纳了许多今人难明其理的事象，外界人们对其的认知常常似是而非；因为地貌崎岖，西南各人们群体之间虽早有沟通，却又关系稀疏，造就了斑驳陆离的古今一贯、你我交融却又迥然有别的历史文化事实。而两性角色的纷繁差异及其被日常生活贯穿起来的千姿百态的生活流，构成了性别“养成”的内容，人的雌雄二性演变为男人和女人，人们对此则更是见仁见智了。

当然，一说“养成”，人们多会从积极方面加以理解，在本书中只是一个中立的说法。社会环境中公开倡导的当然是正面的价值观念。不过，所谓的正面价值观也只是一种提纲挈领、总结归纳后的说法，真实的存在却是千姿百态的，且并非人人都能够依照主流价值观念来行动，还有许多非主流的、边缘的存在状态，价值观还有时间维度上的历时性，空间维度上的地域性。所以，“养成”不是一个全然被动的被“形塑”的过程，在社会转型期更不可能是一个一以贯之的过程，但不同的阶段之间有着深浅不同的联系。

不论是自然的因素还是社会的因素，都很重要，甚至在特定的情境中，某一方面的因素会显得更重要，但我们不应该有对哪一个更重要的评价。“无分别心”，也是一种态度。

“天命之谓性，人性本由天赋，但要人能受教育，能知修养，能把此天赋之性，实践自得，确有之己，始谓之德……性须成德，德须承性。性属天，人人所同。德属人，可以人人有异”①。性为天成，德为养成。

随着工业时代甚至后工业时代的到来，这些群山万壑中的不同群体是如何呼应这个时代的呢？他们曾经的生活真的只能被历史的巨轮碾成齑粉吗？还是成为车窗外那一朵朵倏忽即逝的小花？他们自身是否有应对这一切的从容呢？坐在车中的“你和我”——何尝又不是他们眼中的“他者”——以怎样的心境看窗外的“景色”？能否生发出别样的反省心绪？

大都市里的纷繁差异与群山万壑中的差异，是否有着某些渊源上的相似性呢？

二

有一种东西它可以不叫命运，而叫做客观规律；有一种过程它可能不叫命定，而叫做存在决定意识。但是，客观规律无法预言所有的事实，存在有时也不能完全决定意识。一些引发社会演变的事件在最初往往是以“例外”的样貌出现的。有些问题其实有必要颠来倒去地琢磨，当我们的身体可以随着我们的意志自由地走动，并已经成为我们这一代人的习惯时，我们忘了我们可以自由走动的时间还不长，甚至能够自由走动的程度也有限，但我们“俯视”（如果我们有足够的自知之明，最多也就是回望）着

---

① 钱穆：《中国历史上的传统教育》，载钱穆：《国史新论》，北京：生活·读书·新知三联书店，2001年，第220—221页。

从前那些被“腐朽”的制度捆缚着的灵魂，满心慨叹与怜悯。那么，二百年后的人们会不会看着今天的我们，内心同样也充满了感慨与怜悯呢？

这样思考令人悲观，但却从旁证明：虽是一个名称，内容却在不断变化。从某种角度上看，身体既是培育精神的土壤，同时也是精神的牢笼，可贵的是我们渴望摆脱随身体而来的束缚，渴望遨游于天地间的向往长存。

老子的《逍遥游》一直被认为是鼓励人们像展翅九万里的鲲鹏一样“志当存高远”，但我坚持认为其实是在告诉人们万物虽各异、自由总相同，各得其所才是最大的自由，所以才名曰《逍遥游》。但在老子的时代不具备这样的社会土壤，人与人、群体与群体之间缺乏充分交往，实际上也没有充分交往的物质及社会基础。也就是说，追求自由既需要心灵的渴望又需要财富的托举。

生为万物之一，会受各种局限，正视这些局限，是生存的前提，但心存对自由的渴望，则是对这些局限的冲破，便有了生命的尊严。崎岖的高原上，罡风浩荡，我们至少可以凭借耳闻目睹形成起码的反思态度。既知求其所不知，亦要知求其所已知①，也就是对已经普遍认定的东西应该反复追问为什么。

我们也在反思，并不愿意做前人后面亦步亦趋的被动的追随者，而自秦汉以来的两千多年的王朝社会实在是延续得太过长远了，如今我们急切地要挣脱这漫长的束缚。殊不知，故步自封乃是人类的劣根性之一，我们在享尽了前人带来的荫凉后，又厚颜

① 《庄子·胠箧》原文：“天下皆知求其所不知而莫知求其所已知者，皆知非其所不善而莫知非其所已善者，是以大乱。”意在说人们自以为聪明，喜欢探知未明、臧否事物，乱象由此而生。但已明了的未必真明了，对事物的臧否也不是一劳永逸的。此一时，彼一时罢了。

无耻地说前人如何禁锢了我们。[①] 所以，多年来，我们虽有反思，但反思得不是地方。我们一味地说延续了千百年的制度已经太陈旧了，应该改改了，但我们更应该反省的是我们自己那羞于启齿的懒惰。

各种制度与观念都是相对于当时的实际而形成的，它们的存在有其合理性，而实际的情形改变后，我们却仍在沿用原来的制度与观念，待发现事与愿违后，就诋毁这些制度与观念，[②] 全无对我们自身品性的反省。其实，千百年的坐享其成，加之人的懒惰天性，我们实在是有些腐朽了。我们既然无法看清楚前人的功德与局限，也就不知道自己该做些什么，有的只是抱怨，抱怨祖宗怎么留下了这么僵化的制度与观念，或者是一味歌颂五千年的文明。

所以，既不能怨祖宗，也不是制度与观念有什么无可弥补的缺陷，实在是我们自己的问题，是我们的精神品质没有走上一条追求自我完善但又没有尽头的道路——这也正是我们的传统精神所拥有的刚健、圆融但又透着悲壮的内核。

三

虽然本书所有内容是有逻辑关联性的，但总归起来看，似乎更适合总结为专题思考，所谓的关联性也就只好大而化之地说成是由文化整体性所必然带来的。这些思考大致可以分为三部分：自然因素在两性角色中的延伸——性别的天成；文化因素对性别

---

① 如果说人类有“原罪”的话，恐怕这就是了。

② “无论是打倒孔家店及批林批孔，或是与之反动的历次国学热潮，背后都似乎潜藏有一种怯懦与推诿的群体心理，透露出巨大的思想惰性与惊人的责任缺失……孔子没有义务为我们今天生活的幸福或不幸福承担任何责任”。见王元涛：《孔子的价值与国学热》，载《南方周末》，2010 年 10 月 7 日，D20。

差异的反映与固化——性别的养成；当代性别角色差异的演变——两性社会差异缩小。

也可以用一段话表述主要内容：人在天地间勾画出自己生活的世界，并依照天地自然的启示建构人类内部秩序，通过生育，人类与身外世界形成持续不断的交换关系。不同成员的身份通过神话传说故事得到定位与不断申明，女性因为生育而与神明世界有了某种神秘莫测的沟通，正是繁重的生育劳动，使女性在进入社会公共空间方面受到种种局限；社会财富的积累导致社会不公正的出现，但也正是社会财富的持续积累导致社会对公平与公正的不懈追求，性别分层是社会分层在两性角色上的表现，这些社会事实的呈现需要观念的提点与社会财富的支撑；社会的运转依赖于男女两个性别集体的合作，两个集体在合作中，彼此都得到和失去了什么；在过去漫长的物质匮乏的环境中，人们竭力要维护的是集体意识，从不同维度发现了不同的结构性关系并设计了各种习俗与制度并将人们聚结在一起，如血缘、地缘、宗教、文化等，服饰成为这一思想的物化表达方式。社会的本质是对自然属性的异化，随着社会分工的细化，社会劳动的构成越来越复杂，表现出某种空间性特征，如处在结构底层或是较为隐蔽的劳动，其社会评价较低，如家政行业与农业，这也恰恰是女性主要从事的劳动。在日益追求性别平等的今天，两性的社会差异趋同，不断碰触两性差异的底线，自然属性在预期的时间内基本不能被大范围改变，这必然会对原先在此基础上建立的一系列伦理规范形成冲击，加之人类行为的不确定性，今后两性角色的特点也许将无从归纳。

西南地区相对于东中部来说，社会发展总体水平较为落后，相应的各种观念也更为初级，但总体评价不等同于局部特性。精神世界虽然受现实世界的规约，但越是发达的精神世界，越是超脱于现实世界，虚拟、想象的成分也越多，或者说人的精神越自由，某种程度上离实际生活也就越远。所以，尽管东中部地区历史上长期而广泛地存在过两性不平等现象，但这并不意味着历史上物质相对贫乏的西南地区一定有着更为分明的性别不平等现象。认清这个事实，不仅给西南地区的社会进步提供了一个快进的可能空间，而且对我们更清楚地认识两性角色差异的演变也将会有所帮助。

本书放弃对西南各民族两性角色差异纷繁现象的分门别类的罗列，试图从所讨论主题的角度着眼，对西南民族的这一类现象做一个更具普遍意义的探讨。知其所由来，推其所属类，试图如盲人摸象般触摸一下在人们生存与生活的各种纷繁表象之下的一些恒常内容，而这些所谓的“恒常内容”，正藏在我们寻常的理解力所止步前的那片黑暗中。

对性别差异的认知，除了要探究其社会原因外，还要强调一个事实：不论男人还是女人，都首先是人，相互间的认知都要受到人类普遍交往规则的影响。性别分层是社会分层在两性上的体现，抛开其中的社会因素，还有很多不确定性来自人的心灵。

所以，本书虽然从讨论性别差异入手，但并不认为性别差异是一种多么重要的社会事实，不过是因为它太显而易见罢了。如果说社会存在是一棵大树的话，性别差异只是那些伸向四面八方的不起眼的细枝末节中的一枝，但它是“这棵大树”的细枝末节。这些在我们生活中随处可见的性别差异，其根源也是其他重要的社会差异的根源。这个深藏在表象下的“莫衷一是”的根源延伸到人们生活的各个方面，又以五花八门、纠结交缠的纷繁样态表现出来，与这些表象下未知的“黑”是一样的。

差异既是我们生活的本质，何妨就坦然面对。

孤独是差异的必然结果，宽容才成为我们的道德理想。

目　录

第一编　自然因素在两性角色中的延伸

第二编　文化因素对性别差异的反映与固化

第三编　当代性别角色差异的演变

第一编

自然因素在两性角色中的延伸

一直觉得，在研究两性角色差异或者说是社会性别的视野中，少了一个自然的维度。人作为自然界里的一员，天然地受到这一属类所具有的自然属性的规约，而人之所以为人，恐怕就在于对这些自然属性的不断“超越”。①

人对自己知之甚少，实际上到目前为止，我们也不清楚人究竟都有哪些自然属性，更确切地说，是我们无法确定在面对某个事态时，个人或者群体各自都会采取什么样的措施。通常，复杂的社会认知理论会帮助我们解决大多数问题，但不是所有问题。故而，我们也就不清楚我们不断超越的方向与极限何在。也就是

---

① 我们习惯了用这样的口气说话，难得细想我们是如何“超越”我们自身的自然属性的，如果细细琢磨，就会发现，超越的现象就算是可能的，也是奇迹，这正如不能因为有人能走过悬空的钢丝，就认为人人皆行。作为在自然属性基础上建立的普遍社会规则，大概很难使超越普遍社会规则的奇迹成为随处可见的事实。这正如雷锋虽然是真人真事，但不能要求人人都要成为雷锋。如果真是这样，只能说明这些社会规则需要调整。所以，本处的“超越”，既指那些由于上天的垂爱而显现于人间的奇迹，也指我们繁复的社会结构对人自身自然属性的最为普遍而广泛的“应用”。

说，自然属性以其不变应对社会文化的万变，前者之从容与后者之被动自见。

本来，我们以为恋爱是一种相对纯粹的精神活动，但不断有研究报告说，人一旦恋爱，会分泌出一种特别的化学成分而影响该人做出理性的判断；悲伤或高兴，流出眼泪的成分也不一样。如果当我们处在强烈情绪中时，身体都会分泌出某种物质并理所当然地支配我们的行为的话，那么，我们还能够凭理性控制由这些物质支配的情绪和情感吗？① 不论回答能或者不能，都让我们备感困惑。

但是，人即便对自己短期内无可改变的自然属性全部知悉，但不论出于何种原因，却并不会时时参照行事。一人即一世界，但恋爱中的男女，总是幻想着改变对方，或为对方所改变，结果多是两败俱伤。

与两千年前相比，人们生活方式的改变之大显而易见，我们因此认为世界发生了天翻地覆的变化，从某种角度看也确实如此，尤其是物质形态方面的变化，甚至人们的精神生活内容也大不一样②，但如果我们对我们的生活做一个删繁就简的处理，犹

---

① “在同理性永恒的冲突中，失败的从来就不是情感”。［法］古斯塔夫·勒庞著，冯克利译：《乌合之众——大众心理研究》，桂林：广西师范大学出版社，2007年，第87页；弗洛伊德把人的意识比作海洋里的冰山，无意识就是海面下的硕大无比的主体部分，它决定了浮于海面的那小部分的动向。人的无意识是混乱的、盲目的，但却是广阔有力的、起决定性作用的，是决定人的行为和愿望的内在动力。朱立元主编：《当代西方文艺理论》（第2版），上海：华东师范大学出版社，2005年，第61页。

② 从有神论到无神论，不过是崇拜的对象变了，但情感的模式没有变，“一切政治、神学或社会信条，要想在群众中扎根，都必须采取宗教的形式——能够把危险的讨论排除在外的形式，即便有可能使群众接受无神论，这种信念也会表现出宗教情感中所有的偏执狂，它很快就会表现为一种崇拜”。古斯塔夫·勒庞著，冯克利译：《乌合之众——大众心里研究》，桂林：广西师范大学出版社，2009年，第89页。

如把一个烦琐的代数式整理一遍，我们会发现，其实基本上一样！我们虽相隔数千年，但活在世界上的目的一样，对人生意义空间的需要一样，而只是达到目的的具体方式有所不同。

在过去的1万年中，“人类的成就——从最原始的农业到芝加哥的席尔斯大楼，也就是人类展现的全部文明——不管好坏，全部依赖这个没有改变的大脑”①。而在1万年前的漫漫岁月中，人类的成就则乏善可陈。

作为人这样一个物种，你不能想象在数千年、哪怕上万年的时间里会有自然属性上的变化，正是基于这个简单的认知前提，我们与古人，与不同地域、不同文化的人，才有了最为基本的认同与互动，也才能实现基本的沟通与交流，这是我们阅读与理解历史的前提，也是各种不同的人们群体间达成沟通的最为广大的平台。

所以，人作为生物物种之一，有雌雄、年龄之分，有性情、偏好之异，有生老、病死之同。而我们知道，所有的生物对生存的自然环境都有着不同程度、不同方面的认知。所有这一切，构成人的自然属性部分。在人类作为一个整体独步天地之间时，这些自然属性被无奈地遮蔽，但又把人类的每一个个体推向不可抗拒的生老病死。

深奥难解的知识体系也罢，肤浅的家长里短也罢；正直自守、舍生取义也罢，唯利是图、苟且偷生也罢，全部的最为根本的目的就是：生活愉快，老有所养，病来有治，死时安详。

---

① 古尔德著，范昱峰译：《生命的壮阔——从柏拉图到达尔文》，南京：江苏科技出版社，2009年，第180页。

第一章　自然山水与两性角色的关系

考察我们的生活，人所赖以生存的物质都来自大地，所以，当我们看见广阔的田野和茁壮的庄稼时，没有不油然欢喜的；[①]考察我们自身的存续，死生继替乃是普遍的必然之事，所以，当我们看到稚嫩娇弱的婴儿时没有不由衷疼爱的，面对逝去的老人时没有不心生肃然的。没有止息的劳作操持，司空见惯的生老病死，使我们的祖先在麻木与冷漠的无可奈何与别无选择中，也生成了坚忍、乐观与通达的品性，我们的生活因此获得各种意义，当然也包括负面影响。

这些耕耘与生存活动的汇集空间就构成了乡村。不同文化孕育了不同的乡村，并以自然规则为核心将不同的成员“安排”于不同的位置上，而最为外显的就是两性角色分工，男女以不同方式结成联系，但不论父系还是母系家庭都依赖血缘纵向延续，以家族的形式聚合成为乡村。多数乡村依赖婚姻横向扩展，以家庭结构的当然延伸聚合成为“国”。所谓的地缘组织不过是对血缘与婚姻组织的模拟与扩大。家、家族的伦理关系自然地延伸进入乡村公共生活领域，进而形成社会公共空间，并以当然的姿态规约了国家政治秩序的构建。此之谓家国同构。强势的国家权力又巩固了以自然原则而形成的角色安排，固化了人们的生存空间。

乡村坐落在不同的山水环境中，而山水很早就以地理志的形

① 这是一个多么功利的解释，但正是这种功利关系的存在，繁育出所有的崇高与卑下等人类后天的想象。天地不仁，不会赋予任何事物以意义。

式进入国家的历史书写中，这样一种现象，乃是对国家、社会的各个建构元素的空间位置与关系的一种阐述。它不是地理决定论①，因为这种阐述洋溢着人的精神意志，但在考察人的所有社会实践活动时，又把须臾不能脱离的山水纳进其中。作为一个重要视角，我们随处都能看到独特水土养育出的异树奇葩。②

在个人与山水之间，从江山社稷、故乡的小河到如山的男子与似水的女人，显示了其间存在某种高度的同构，这一似有若无的结构犹如那枚传说中的"定海神针"，数千年来，把我们的思维固定在对这一同构的认同与顺从上，在使我们麻木的同时，也给了我们从容。

当下在我们的物质生活得到迅速的大幅度的改善时，我们却感受到因自身来自泥土而油然产生的理想，渴望与现实生活发生的冲突。③ 城市居民渴望田园风光，但对稼穑的艰辛、传统乡村生活中各种现代物质与社会资源的短缺状况基本无从感知；生活在乡村的人们渴望城市中的发展机会与物质生活条件，但对激烈

---

① 比如精卫填海、女娲补天、大禹治水、愚公移山。西南各少数民族中关于英雄制服黑龙、求得一方风调雨顺的传说故事比比皆是。

② 这里需要对"地理决定论"说明一下。我想我们过去可能对这个概念理解得过于狭隘了。从字面上看，主张者认为一定的地理环境与生活其间的人们的行为方式之间，存在着一种直接的因果关系，这种关系在其他生物物种间表现得更直截了当，但人类因为拥有文化，故而应对的手段就五花八门。可是，文化在发生的最初阶段与地理环境间的关系究竟如何呢？我们常常用"相同的地理环境并没有催生出相同的文化"来说明地理决定论的谬误。但问题是真的有相同的地理环境吗？比如最易被忽视的纬度、洋流方向、地形地势走向等，都能够相同吗？今天，不论是从人文的角度，还是从自然科学的角度，所开展的对环境的研究，难道不都说明环境对我们的某种强大的难以抗拒的影响吗？

③ 中国有女娲抟土造人传说。《圣经》里说：你本来自泥土，终将归于泥土。无论如何，我们的衣食都来自泥土。"人的肉体性存在注定了他归属于自然大地"。朱立元主编：《当代西方文艺理论》（第2版），上海：华东师范大学出版社，2005年，第150页。

的职业竞争准备不足。不论是城里人还是乡里人，都常常在路上奔波，看了更多的山水，但却与各自的生长与生活无关。换言之，我们与真实的山水失去了水乳交融、相濡以沫的联系，我们都失去了“家乡”。这样的丢失对我们精神世界的伤害是我们所始料未及的。

所有的发展被简化成各种数据指标，唯有内心的宁静与渴望不能量化，更无法替代，它让我们耿耿于怀，却难于言表。

一、在“大地”上勾勒出“世界”

天地不仁，大地的存在对人类而言是一种无意义的存在，“去除大地的无意义状态，使大地万物意义化，使之从隐匿状态中显现出来，此即所谓世界性的状态”①，“人一方面意识到世界万物必须借助于人的意识而显现，另一方面人又意识到自己对于被揭示的世界而言是微不足道的”②，所以有了各种“创造意义”的方式及不可料想的意义。

中国历代志书中都有专章叙述本区域的山川河流，如地方志有专门的篇幅记载当地建置沿革、山水地貌及风物传说。这些传说故事，或涉及本地居民的迁徙来源，或涉及某个风俗的形成，或表达特定的信仰。这些记述，都不能简单地只看做是对所处地理区域的一种介绍，实际上更是对生长于此地的人们与这片养育了他们的土地之间的特有关系的一种阐述。如果换了其他的人们

① 朱立元主编：《当代西方文艺理论》（第2版），上海：华东师范大学出版社，2005年，第145页。

② 朱立元主编：《当代西方文艺理论》（第2版），上海：华东师范大学出版社，2005年，第152页。

群体，或是换了另一片土地，就会呈现为另一种关系。“社会趋向于与其所占据的场所形成紧密的联系，并通过社会组织和程序来证明这些联系是合理的。不同的社会以不同的方式构想其与场所的这些联系”①。西南各民族与自己生存繁衍“场所”的联系，以神话传说、信仰仪式的方式申明其神圣性。

群体与其所生存场所之间要建立某种关系是一个普遍的现象，但感情的投向却是一一对应的——生我养我。这就犹如亲代与子代的关系，虽然人人都有双亲，但“他”的双亲是“那一对”男女。于是，特定的人与其所栖息土地的情感关系就有了唯一性，也表现出排他性，“外乡人”成为同情甚至是歧视的对象。所以，我们对一个地方的最高赞美是“我的第二故乡”。当然，我们还熟悉一种说法：农民被牢牢地束缚在土地上。②

《尚书·夏书·禹贡》虽然很短，但把今天我们所居住的这片广袤土地做了一个大致的划分，九州之名即来于此。西南地区大致可以称为梁州，“华阳、黑水为梁州”，即华山之阳到黑水流域一带为梁州。华山众所周知，而黑水则难以明了究竟是哪条河。水清且深则为黑，在西南地区，汉语意为“黑水”的江河有若干，只不过用的是当地各民族语言中“黑”的各种发音，如诺、磨、怒、若、纳、那等。所以，远古九州的地望无法清楚确定，但这是一个起点，后来的人们经常在一个泛泛的意义上使用

---

① ［美］罗伯特·戴维·萨克著，黄春芳译：《社会思想中的空间观：一种地理学的视角》，北京：北京师范大学出版集团，2010 年，第 180 页。这种认知的进一步延伸，就是对历史遗迹的一种保护。如果说“勾勒出世界”是一种现时行为的话，历史记载、历史遗迹就是历时态的既往世界存在的证明，目的在于一遍遍地申明与该“场地”的神圣的、合法的关系。

② 30 多年前的话语体系中，我们评论说地主对农民形成超经济强制，使农民对地主形成人身依附关系，被牢牢地束缚在土地上。准确地说，应该是以土地为基本生产资料的经济方式把农民和地主都紧紧地束缚在土地上。

这些名称，给人一种苍茫无绪之感。清人吴梅村的《圆圆曲》中有“换羽移宫万里愁，珠歌翠舞古梁州”，即指吴三桂带着陈圆圆到云南做了平西王。历代人们多半注意到的是《禹贡》对九州、五服的划分，但这篇文章的重点应该是“贡”，即根据九州各地的水土物产，有义务上贡一定的财物，“王”因此对九州有管理与庇护之责。文中讲述的职责主要是对河流的疏导，于是，“九州攸同……六府孔修……”，基本的社会秩序得以建立。“社会秩序乃是为其他一切权利提供了基础的一项神圣权利。然而，这项权利决不是出于自然，而是建立在约定之上的”[①]。《禹贡》即宣布了这项约定，这是“国”这一概念的具体化，是“普天之下莫非王土”的可操作规程，具体操作者即“率土之滨”的臣属，那么，身居其间的每一个人的身份也就有了轮廓。这应该算是较早的在山水图志中对国家观念的建构。我们目力所及的狭小山水从此成为脑海中的“无限江山”。实际上直到今天，《禹贡》中所阐明的基本“约定”并没有性质上的改变：“国”向民众收税，再用它来保护、管理民众的生活。数千年来的变化，不过是对这一主旨的细化与实施方式的不同。

《史记》、《汉书》等被官方认可的二十四史，都有专章描述当时的地理沿革，这是历史事件发生演变的空间场阈，每一事件对应相关的场阈，比如庄蹻入滇、唐标铁柱、玉斧划江、元跨革囊、三征麓川，都与西南的地理空间相对应，这些地理山川其实是参与这些事件的一个重要“角色”，如果不是这样的空间特点，事件的进展一定是另一个样子的。山水参与了国家权力的此消彼长，渺小的个人却在这样重大的事件中彰显出人的能动性，而得以与山水同在。

专门讲述山川河流的书也很早就出现。如《山海经》，估计

---

① 卢梭著，何兆武译：《社会契约论》，北京：商务印书馆，2006年，第5页。

成书至迟在汉初，作者不详。“又西六十里，曰太华之山，削成而四方，其高五千仞，其广十里，鸟兽莫居，有蛇焉，名曰肥（蟥），四足六翼，见则天下大旱”[①]。五卷《山经》所记内容虚实交织，十二卷《海经》所记的“国”与异物则怪诞莫名，有“交胫国”、“羽民国”之类，这也说明特定的地理区域是“那一群人”赖以生存繁衍的空间，对他们生活与思维方式的形成有着深刻的影响，外人难明其“妙”，理解不免会有夸张与曲解。北魏郦道元的《水经注》是较早的山水地理著作，他为之作注的《水经》，一说汉人桑钦所著，一说三国时人所著，记水道137条，郦道元增补至1252条。[②] 此后，舆地风物志书越来越多，明清时，此类书籍已不可胜数，这表明的又是另一种倾向：地理版图是政治版图的具象表达，这是近现代国家主权意识萌发及强化过程在地理空间认知上的反映。

关于西南的较早志书有晋代常璩《华阳国志》，所指乃华山之阳、黑水以东范围，内有巴志、汉中志、蜀志、南中志，其中“汉中”、“蜀”所指没有疑义，“巴”约为今湘鄂西及重庆一带，“南中”即今云南。这仍然是一个以山水为标志描绘出的地理空间。在每一志前都有一总序，相当于正史中的地理志，由于叙述空间较正史大为缩小，人物事件与山水的关系进一步被凸显。巴东夔门雄，剑阁云栈虚，于是才有据险而守、隔河对峙等，山水成为导致权力关系变化的筹码。《诗经·小雅·四月》：“滔滔江汉，南国之纪。”一个“纪”字，突出强调的是水道对国计民生的重要性。

继有唐人樊绰的《蛮书》（又名《云南志》），卷二即介绍云南的山川江源，卷七为云南管内物产。我们过往更为注意的是该

① 袁珂：《山海经校注·西山经·太华山》，上海古籍出版社，1980年，第22页。
② 《辞源》（三），北京：商务印书馆，1982年，第1713页。

书对云南范围内不同人们群体的记载。某个人们群体分布区的山水地貌不能不介绍，但既然“地理决定论”应该被扫进垃圾筐，那么介绍的意义何在，一直是一个模糊不清的问题，但实际上，这个意义坚硬地存在，不过是被我们的自大遮掩了。

明清以后关于西南地区的各种书写就丰富起来，明代主要是到西南为官的士人因居滇期间所见所闻与内地大不相同有感而写，与山水有关的如杨慎的《滇程记》，记录的是从湖北江陵溯沅水、清水江而上，横穿贵州，经昆明，过楚雄，直到永昌府（今德宏保山一带）的山水途程。《徐霞客游记》十卷，其中《滇游日记》就有六卷，还有钱古训、李思聪的《百夷传》等。内容驳杂，属个人化书写。清代更多，《滇海虞衡志》为安徽望江人檀萃所辑，他居滇为官20年，75岁返乡时仿宋人范成大的《桂海虞衡志》，辑成此书，介绍滇中的山川名胜风物民俗。虞衡是周代官名，指专管山泽的官员，也指代山泽之民。①

清代关于西南地区的个人书写虽然多，但以地方政府主持编修的各种方志为该时期书写特点，编修的体例一以贯之。湖南善化人贺长龄（1785－1848）长期主持贵州事务，后由贵州巡抚升任云贵总督，曾经主持编修遵义、安顺、兴义、贵阳、大定五府志。清代云贵的地方志名义上由当地的官员主持，实际上为当地有名望的士人编修。比如《乾隆丽江府志略》，由当时的知府管学宣主持，但真正的编修者是万咸燕。这些士人饱读儒家诗书，仕途前景狭窄黯淡，能够为地方编史传诸后世，也是读书人社会责任的一种体现。方志整体浸透了儒家的价值观，结构大同小异，形式拘谨规范但可信度较高，都有对所记地方的山川地貌、建置沿革、风土人情的记录，比之于两晋及唐代的记录，镜头又拉近了一些。或者说，一一对应的关系在逐步明朗。

① 钱玄、钱兴奇：《三礼辞典》，南京：江苏古籍出版社，1998年，第953页。

在一本研究楚骚与汉晋辞赋的著作中，作者写道："行旅赋中的'地理论述'因此是在古今、虚实之间熔铸出一幅幅可见（标志现实地理）却非仅目睹（超越现实地理）的山水图册；同时结合着氏族志（时代兴衰）、都邑志（地域分布）、方物志（山川风物）的多重角度，与史书中代表朝廷立场的'地理志'维持着认同或抗拒的流动关系。这一连串辞赋作品所形成的对生存领域的层曲回应，其实才是真切体受世局变迁而不断翻修、重建的'新地理志'。"[①] 人与山水间的层曲回应[②]，才形成真正的地理志。而各民族口传文学中的关于群体与山水间的"层曲回应"，就是他们的地理志。地理因他们而"呈现"，他们则生活在一定的地理区域内。

我们原本认为，山水自在，不以物喜，不以己悲，但生活其间的人们在流逝不休的时间中，将不变的山水纳入到自己的叙事体系中，山水遂成为人们盛放身家的"容器"。或者也可以说，山水亦成为盛放于人们无边的精神空间里的可加以阐释的"对象"，触景生情、情景交融、境随情迁或情随境迁才成为可以理解的词语。"任何有关空间的意识与描写，必然是地理的也同时是策略的……是意在言外的空间隐喻……"是各个人们群体"如何穿织地理、历史、山水，而建构属于一己安身立命、持志处心的地理图志"[③]。在这个意义上，没有所谓客观的自然环境。从人

---

① 郑毓瑜：《性别与家国——汉晋辞赋的楚骚论述》，前言，上海：生活·读书·新知三联书店，2006年。

② 美国有一本著名的地理杂志《国家地理》，我国后来也有一本《中国国家地理》，它们可以被看做是在现代社会中人们对山水的层曲回应，与传统的回应相比，少了浸淫于山水中的理想与蹉跎，多了在现代技术支撑下的"山高我为峰"的骄傲。倒是那些"背包客"与自助游，做了一些真切的回应。

③ 郑毓瑜：《性别与家国——汉晋辞赋的楚骚论述》，上海：生活·读书·新知三联书店，2006年，第65、第66页。

的角度看，“物理的空间”是不存在的[①]，这只是为了方便研究而发明的一个概念。从存在主义的角度看，人们在用神话传说、风物故事“去蔽”或“显现”出来的山水世界中，在详细描述的地貌风物中，“创造”了“自身存在是重要的”这个意义。[②]

各民族的神话传说都有对周围山水的叙述。景物崇拜的思想根源是万物有灵，但其实也是生息于此的人们的精神世界的外化表达。精神世界只有通过形象描述，才易于被人认知、理解。或者可以说，所有抽象的思想，都只有借助于具象描述，才更能抚慰人们的心灵，才能将传播范围最大化，所以才有宗教画，逻辑推理也要举出案例。

我们知道几乎每个村庄都有关于周围山水的传说，难以定论的是山水景物被纳入了他们的精神世界，还是山水景物规约了他们精神世界的建构。总之，如果我们把关于泸沽湖、格姆山的传说仅仅认为是一个有趣味的故事，那么，就是忽略了它们在摩梭人的精神世界里的崇高地位。这种相互依存、相依为命的情感就具有唯一性和排他性，是不曾生长在这里的人所难以体会的。外来的人只能看到泸沽湖的清澈，但无法感受到它的“恩德”。纳西族将玉龙雪山想象为一个白盔白甲的将军，既是保护神又是牧神、战神。白族对苍山洱海的情感，亦同此理。情感的生发者与生发对象之间有着严格的对应关系，而这种关系建立在不可逆转的生命历程上。这就如同我们不可能将父母看做是普通的男人和

---

① 朱立元：《当代西方文艺理论》，上海：华东师范大学出版社，2005年，第490页。

② 人既是经济动物，又是意义动物，人创造意义的“癖好”甚至表现在对生命演化过程的认知上，“认为进化具体表现了基本的趋势或力量，可以产生确定的结果……生理结构日趋复杂；神经系统日益精细；活动范围和项目日益协调，结果人类跃居想象的进化顶点”。古尔德著，范昱峰译：《生命的壮阔——从柏拉图到达尔文》，南京：江苏科技出版社，2009年，第13页。

女人。

这正是西南各民族山神崇拜的深刻根源，也正是今天我们对这些崇拜无法感同身受的缘由，因为我们与这些山水不再有相濡以沫的关系。这样的断裂让我们体验到的是“生命中不能承受之轻”。如果说屈原被放逐的痛苦，是由地理空间上的远去和回望理想时感到的渺茫而导致的话，我们今天的“被放逐”，就仿佛少年挣脱家庭束缚后的迷茫。

我们的祖先在各自的山水中长大，对滋养自己的山水心怀感恩之心，而在对“这山这水”的阐述中，又极大地延展了山水的意义空间，即山水成为一种人格化存在，他们与山水的存在因此而互为依托。

这样的阐述体系与藏族的山神崇拜又有一定区别。藏区将山神分为男女，想象他们餐风饮露的高洁的神仙生活。《走过西藏》就大量提到男女山神的缥缈生活①，我们也能从藏族对山神世界的想象，来探知藏族对两性角色定位的最基本轮廓。显然，这样的叙事模式没有太突出强调两性的社会性差异，这对于我们理解藏族社会中的两性角色定位是有帮助的：一方面是严酷的生存环境尚不足以支撑复杂的社会观念的扩张；另一方面，发达的宗教信仰和严格的社会分层又穿插其中。西南各民族的山神崇拜则是感谢山神的养育与护佑，之间似乎又多了点依赖、亲密与随和，或者说多了一些世俗的色彩。

当然，有一些著名的大山被不同的群体崇拜。如满族、朝鲜族都视长白山为发祥地，但与相互间情感的唯一性并不矛盾，因为山水无言，人们对山水的阐述永远是单方的。

这些风物地理志书、山水景物传说不仅表明了“我们”对这片土地的天然合法的拥有权利，更强调了这种权利的神圣性，建

---

① 马丽华：《走过西藏》，北京：作家出版社，1996年。

构的是一个“神圣空间”，它是后来各种不可思议的空间概念的滥觞。

20世纪后期，社会空间、文学空间、第三空间等概念迭出，国外关于空间理论的研究开始深入，社会空间涉及社会分层、利益集团、权力关系结构等；文学空间涉及精神世界及其表达方式；第三空间则主要指不同文化接触时形成的中间地带。这些理论对我们都能有所启示。但这些理论的一个共同特征是没有强调地理空间的基础性作用，而这一视角在我国又具有特别意义，我国的不同人们群体在各自的地理区域都有漫长的生活历史，我们所有空间意义的创建与拓展活动最终都会受这根“风筝线”的牵拉。

近几十年我国人口的大规模流动，导致人们生活的地理空间的大度转换，继而引发社会结构和人们内心世界的变化，促成陌生、半陌生文化的碰撞，我们应该对我们自己的生活空间意义的拓展有所探索。

二、“去蔽”方式与创建神圣联系

在广大而又地貌崎岖的西南地区，在那些数不清的乡镇村寨里，居住着众多民族，他们之间的差异显而易见，但又拥有某些高度抽象的共性。固定居住在一个地方，在春播秋收的生活中一个最大的愿望就是：安居乐业，顺遂长久。所以，他们安土重迁，害怕背井离乡。由此凝结成的对生于斯长于斯的土地的情感，浸透于几乎所有的对周围山水的叙述中。风物传说、风水讲究、护寨净寨风俗等，成为把最为具象的山水风物与最为抽象的家国想象相连接的指导我们行为的规则，山水不再是独立于人之外的几万年也不会变化的冷漠存在，而与每一代的每一个人都有了休戚与共的联系。

东汉许慎《说文解字》对“示”的解释是“天垂象，见吉凶，所以示人也”①。在古人眼里，风雨雷电是上天别有心裁的告示，风雨雷电又影响了地上山水的排布，天象难以琢磨，地形常见不变，“宇宙气息流动的渠道可以通过局部的地貌来揭示”②，就看我们能否从中体察到天意。风水说也许就是人们通过地形对天意的一种“自以为是”、“一意孤行”的揣摩。《中庸》“天地位焉，万物育焉”，陈述的是一种“景观”，但同时也阐述了天地万物的空间位置关系。而今我们普遍认为山水本是客观的存在，但在广阔的山水中，我们究竟选择什么样的地方安顿我们的身体，决定于如何定位我们与天地万物及周围山水的空间关系，因此不同群体形成了择地而居的各种“标准”③，而“被我们选择的”山水就被纳入到或者说是规约了我们精神生活的建构，山水不再是单纯的、客观的存在。而在这个建构过程中，前文所谓的共性即是贯穿于其中的对天地万物的空间关系认知的高度抽象性。就像黄河泰山之于汉族，白山黑水之于满族，玉龙雪山金沙江之于纳西族，等等。

易经中的艮卦就代表山，《易经·说卦传》中有：艮是“万物之所成终而所成始也”，即栖止万物之所；坎卦代表水，是“万物之所归”。在人类社会早期，相对于平原，依山而居让人有安全感，更为重要的是在农业还不很成熟的时期，人们还得依靠采集与狩猎补充食物，这也决定了必须依山而居，有山就有水。

---

① 许慎：《说文解字》，北京：中国书店，1989年。

② ［美］罗伯特·戴维·萨克著，黄春芳译：《社会思想中的空间观：一种地理学的视角》，北京：北京师范大学出版集团，2010年，第167页。

③ 择地而居在西南各民族中表现最为典型，壮、傣各族居于河谷平坝，藏、彝各族居于高寒山区，苗、瑶各族居于丘陵地方。古文献中有“上方夷”、“下方夷”之别。

这可由众多的古文化遗址分布地的地貌得到证明。

山水成为人们对家国观念的具象表达，而家国观念的建构也必然地投射到对山水的主观叙述中，山水于是成为“那山那水”，人成为“那人”，山水与己身也就有了某种彼此心照不宣的关系和可以高度延展的想象与变化的空间。于是，才有李后主的“无限江山，别时容易见时难”的慨叹。而这些想象与变化又深刻地受制于社会的文化传统与所处的时代。于是每一个人都在这山这水中拥有了属于自己的既现实又虚幻的空间。现实指山水空间的实在性，虚幻指观念空间的虚无性。意义空间需要真实的山水作为依托，而山水空间需要想象来延展意义空间。其间遵循的是“天”的原则，亦即自然的原则。也正是从这个角度，我们才能更好地理解古代的山水画与山水诗，从这“闲情逸致”中体味到“归宿”对人生存的巨大意义，帮助我们在单调与重复中找到“悠然”。

图1-1是广东西北山区的一个瑶族村寨，村民现已搬迁，寨子依山而建，房屋排列整齐而紧凑，显出明确的防御作用，打开房门，面对的是起伏的冈峦。

图1-1 瑶族村寨

在现实空间里，两性依据自然属性拥有不同的位置，形成特有的家的结构形态，完成两性不同的功能。而在意义空间里，社会期待将男性角色与山相联系，将女性角色与水相联系，既与两性的现实角色有关，又拓展了两性角色的发展空间，是多数传统社会对两性角色的最高期待。

中原的传统的典型农业文化在向周边发展的过程中，在相应的农耕区域，就有较强的影响力。西南地区各民族主要经营农业，建立村寨、组织乡村生活，虽然有其独特的表现，但核心追求都是遵循自然原则，体察山水给自己的启示。同时，在明清以来的地方志编写中，西南的城镇村寨也被纳入到主流文化的书写框架中。更为重要的是一些流寓西南的汉族士人，以其丰富而又曲折的生活状态潜移默化地影响了西南乡村的社会生活。所以，西南各民族关于山水、家园与个人的关系建构，在高度抽象的层面上，与同为农业民族的汉族并无本质上的差异。

关于“去蔽”与创建神圣联系，不是一劳永逸的。从某种意义上说，今天环境科学的创立与研究，也可以看做是我们在大地上勾勒新世界的行为。比如上天、入地、下海的各种科学研究，只要有所知，就能有所用。或者说是把过去曾经勾勒出来但却又被我们所忽视的部分重新加以强调。生态人类学主要研究不同的人们群体在面对特定的自然环境时所采取的千差万别的生计模式，及二者之间的高度耦合性，每一种生计都是特定群体对大地意义的一种揭示，并通过宗教、文学、习俗等形式宣讲这个意义。

三、“村寨”这个空间

如果说山水是盛放身家的“容器”，那么，这个容器的具象就是村寨。这是我们的起点，犹如若干个“零”前的那个“一”。在这么一个相同的起点上，从前寨子里每一个人的人生大同小异，但随着山水与我们日渐分离，今天的每一个人却又各自拥有了大为不同的人生。

首先是选址。村寨不是一个天然的存在，也不是迁徙的人们一次偶然的落脚，费尽心机的选择就隐藏在那些选址建寨的传说故事中。“定居的行为是对神话世界的又一次创造”。① 傣族、纳西族等都有祖先们艰苦建寨的传说。傣文史籍《沙都加罗》就描绘了农耕时代的代表人物桑木底，带领族人走遍东西寻找适合建寨地方的艰辛。② 人们通常认为这是表明农耕定居时代的到来。但是他们的寻找一定是有一个标准的，哪怕是模糊不清的标准。

很多寨子传说他们的祖先在带领族人迁徙时，看到了现在这个他们认为特别适合建寨居住的地方，于是就留居于此并繁衍生息到了今天。这是最为流行的寨子来历传说。2008 年、2009 年，我在贵州都柳江流域和黔中的村寨走访时，所到的村寨几乎都有关于寨子缘起的传说。如陈圆圆认为吴三桂起兵反清不会有好结果，遂带了吴家的后代，潜藏到了黔东南都柳江流域的深山里，形成了今天这里以吴姓为主要人口的寨子。朱棣抢走了侄子建文帝的帝位，建文帝潜逃出宫，后隐身于黔中山里，山中寨子才陆续出现。③

图 1-2 中，远处是贵州安顺屯堡人的一个寨子，拍照时所在的这个山冈上有一座寺院，大门匾额上有“眼界孤高”四字（图 1-3），当地人传说这里是明建文帝隐身之处，一个“孤”字也颇具深意。

当然，或是迁徙，或是逃难的人群更有可能随风飘零到云贵深山里，并没有从容选择寨址的余地，但他们通常在安顿下来

① [美] 罗伯特·戴维·萨克著，黄春芳译：《社会思想中的空间观：一种地理学的视角》，北京：北京师范大学出版集团，2010 年，第 165 页。

② 岩峰、王松、刀保尧：《傣族文学史》，昆明：云南民族出版社，1995 年。

③ 这个传说大概依据这样一个事实：建文帝是明太祖选定的，他如果出逃，一定要依靠太祖的旧部，而屯守云贵沿线的军队的将帅都是太祖的旧部，黔中的群山里显然也便于藏身。

图 1－2　贵州安顺屯堡人的一个寨子

图 1－3　大门匾额

后，也要为在这里的留居寻找种种“堂皇”的理由，这些理由中，最为突出的就是“这里”的“似曾相识”的景观、某一奇特或是优美的景物或景致，深奥难测的神意往往就隐藏在这些景观中，人们借以与这片土地结成神圣联系，并由此获得作为这片土地主人的尊严感。①

这种神圣联系如果仔细分析的话，既是一种宗教情感的表达，也是一种经济关系的确认，还表明了一种文化心理上的依赖，是全方位的“绑定”。

---

① 贵州的很多山寨都有关于祖先迁徙流离的传说。而在艰辛流变的生活中，保持原来的样态，就成为一种心有所归的坚持，是对未知生活的一种保障。

在此我们需要理解的是我们的祖先为什么常常不顾事实而虚构种种故事，给自己的行为赋予神圣性，哪怕有的事实是那么显而易见，但他们仍坚持视而不见甚至加以歪曲。比如，史书中对周边各古老族群的起源皆追溯至炎黄初祖，而今天中华民族的多元起源说已得到普遍的信服。古代的人们对存在于各地的文化差异性并不是一无所知，《尚书·牧誓》提到了庸蜀羌髳微卢彭濮即可证明，正是因为这些迥然有别的人们群体的存在，所以才需要宣传“共祖”，以推出“共主”，这是人们群体从血缘社会走向地缘社会，但又很自然地借助于已有的血缘观念来扩大群体规模的当然方式，也许可以说这是最早出现的追求大统一的思想基础。也就是说，对不同人们群体间有着相同血缘关系的想象是出于统一思想的需要。这其间谁做“吹鼓手”、吹什么样的“调”，要看谁最有实力。吹的根本方式不论中外古今都没变化——掌握话语权，把认定的内容反复陈说。① 关于寨子来历的传说，是流徙而来的人们试图把自己与这片新的土地以神圣的方式连接起来的一种努力，故事的口耳相传是话语权的体现之一。

西南还有很多城乡的家族都说自己的祖先是南京应天府人，是随朱元璋的军队来到这里的，打完仗后就留下来。历史上确有记载明军留在进军西南的途中各地，也确曾有记载江南一带的商人、获罪之人辗转来到西南，但文献也证明这些人来到的西南边疆并不是无人之境。那么，他们关于祖先的记忆为什么集中于强调是军人后裔这一种可能？显然合理的推测是，作为承担王朝使命的官军的后代，自然获得了一种荣耀的身份。另一些祖先记忆虽然不再强调是官军后代，但也极力清楚地表明祖先是来自富庶

① 如果从这个角度来看，所谓的传统，或者是意识形态，都是对某些事实视而不见，同时又竭力要坚持甚至创造另外一些事实的人类行为。我们对此无法抽象评价。

而开化的江南一带，目的显然要与当地的原有居民相分别，表明自己的文化传统其来有自。上述这些传说基本上只流行于那些经济条件相对较好、交通也较为便捷的地方，而在那些深山里，流传着的则是不同群体在困苦中迁徙，在艰难中选址建寨的传说。

个人做事需要理由，哪怕这理由不为他自己所知。一个群体做事更需要“理由”，没有“理由”可以创造“理由”。天地不仁，事物的意义难道是上天赋予的吗？归根结底还是我们自己赋予的。

在迁徙流变的途程中，竭力保持原来的场景、原来的记忆、原来的生活方式，不是简单的守旧，也不是落后的保守，其实是在面对陌生而不可知的生活时，寻找可以依赖的精神支柱。在时间的流逝与空间的转换中，“变”是无可逃避的结局，执著于某些“不变”，则多了一种抗争与悲情色彩。① “自其不变者而观之，则天地不能以一瞬；自其变者而观之，则物与我皆无尽也”，苏子当然通达，边地之民的“变与不变”亦是一种在别无选择中的通达。

在年复一年的耕耘与收获中，周围的山水成为人们生存链条上的一部分。一分耕耘一分收获，土地不会欺骗耕种者。这样，与土地一一对应的排他性情感培养了人们忠诚坚韧的品性，这其中有别无选择的无奈，表现为顺从、忍耐、麻木，但也有在面对现实之后养成的乐观与通达。不似工业社会劳动力的自由流动，

---

① 在迁徙流变中的坚守，莫如屈原，在绮丽缤纷的诗句中，表达的是“蝉蜕于污泥之中，浮游于尘埃之外，与日月争光”的心志，宏阔缥缈的风格，更是透露出一种“反放逐”的抗拒效果。郑毓瑜：《性别与家国——汉晋辞赋的楚骚论述》，上海：生活·读书·新知三联书店，2006年，第62、第63页。但我们对一个群体在数代人、数百年间的流变中的坚守却有失考察，因为这种坚守往往被我们当作冥顽不化而竭力予以改造，或者认为他们适应能力不强，文化传统居于保守封闭。但是，悲壮坚守与顽固不化，从善如流与风来草偃，常常很难分清。

“忠诚”成为无源之水、无本之木，选择则时常让人们举棋不定，患得患失。

在西南地区各民族的村寨，尤为注重对村边护寨林的保护。不论是湿热地区的壮傣民族、濮僚民族，还是高寒山区的羌彝民族，都把村边的林地视为神圣禁地，禁牧、禁砍，禁入内喧哗嬉闹。许多宗教仪式要在这片林地里举行，客观上，这片林地或蓄养了离村寨最近的水源，或保护了村寨的小环境。

图1-4中是广东西北山区的一个壮族村寨，地势相对平坦，图中左山冈上那片茂密的树林就是护寨林，树龄通常在百年以上。

图1-4　壮族村寨

西南地区的寨子通常有寨门、寨头、寨尾，有的傣族寨子有4个寨门，举行仪式时，在寨门上挂标志，警醒外人不得贸然闯入。哈尼族的寨门称为“龙巴门”，每年3月和9月立寨门，寨门越多，表示寨子的历史越长。[①] 湿热地区民族的寨子通常还有寨心，其实就是一个立放的“石祖”（也可以是木质的），意在保佑本寨子孙昌盛。布朗族的寨心是在寨子中央一个约1米高的石

① 《思想战线》编辑部：《西南少数民族风俗志》，北京：中国民间文艺出版社，1981年，第144页。

台上立的一根木桩。[①] 各民族普遍有净寨、扫寨习俗，即由巫师主持，用法术将盘踞、隐藏在寨子里的妖魔邪祟驱赶出去，届时撒灶灰、鸣响器、燎火，逐户驱赶，颇似汉族的驱傩逐疫。寨子里如果瘟疫猖獗，寨老们经过商议，认为瘟疫难以控制，会主张弃寨，重新选址建寨。不过这是不得已的做法，须极为慎重。

图1－5中是贵州一个水族寨子的寨心。

图1－5　水族寨子的寨心

在乡村，日常生活中关于“国”的意识并不随时参与人们的生活，在传媒技术早已今非昔比的今天，人们借助于这些高技术绝大多数是为了享受娱乐节目。所以，在“前电子时代”，国家意识更是潜藏在一个难以让人感知的角落，也许只有税收或者重大的军事行动，才会让人们意识到国家的存在。而一般乡土社会的邻里、财物等纠纷，自然有乡村耆老的妥善解决。而在今天，国家有责任让乡村子弟凭借自身努力开拓自己的上升空间，在发展自我的同时，有益于社会。教育是让国民认同国家、发展自我的最佳途径。

组成村寨的家庭或全部属于同一支血缘，或只有少数几家是另外的血缘，全寨人都是亲戚，尊老爱幼既是一种品德，也是经验社会的必然总结。因为老幼首先是一种自然属性，老者是经验丰富者，幼者是群体存续的保障，对老幼属性的尊重随社会演进

---

① 《思想战线》编辑部：《西南少数民族风俗志》，北京：中国民间文艺出版社，1981年，第159页。

超越家庭范围的限制而成为普遍道德规范，甚至是以法律形式存在①，成为人际关系的纵向调节原则。

横向的调节原则以针对两性为突出。性别差异首先是一种自然差异，两性角色得以建构首先必须遵循的就是这一自然差异，两性首先要依据性别角色在此基础上进行劳动分工。又由于西南山寨中社会分工不细，寨子里没有形成明显的特权阶层，社会公共物品缺乏，社会性不平等不明显，所以，两性的角色差异主要表现为女性在生育劳动中承担的高风险。同时，也正是由于社会不平等不明显，在西南地区的很多山寨里，保存了很多特别的习俗和节日活动，一方面是婚恋中女性与男性都一样有主动权，通过女丢荷包、男唱情歌等形式，都可以主动试探对方是否愿意与自己交往；另一方面是婚后的女性有互相帮助排解繁难的各种习俗，她们可以有自己聚会的小圈子，有的还带有一些宗教色彩，如白族妇女的莲池会。有的民族在一些特殊的节日，已婚妇女可以离家游玩而婆家不能过问。此外，对非婚生子、离婚都比汉族更为宽容。

可见，西南各民族的村寨基本依据自然原则给两性的角色定位，尚未形成严苛的社会规范，山水、村寨、家庭、个人都以一种更为接近自然的样态存在，文化在解释各种样态的过程中，首先也必须遵循自然规则，通过教导人们对自然原则的遵守来抚慰人们的心灵。

显然，传统乡土社会中的核心原则与工业社会所追求的目标

---

① 经验社会的尊老现象虽然存在久远，但也不是自古就有的。弗雷泽在《金枝》中用了大量篇幅，就是分析阐明古代社会的人们希望通过保持部落领袖人物的精壮，甚至以逐杀老迈领袖的方式，而使本部落保持年轻兴旺。至于爱幼，虽然婴幼儿的易于夭折导致各种育幼习俗及禁忌的产生，但这似乎与爱幼之心略有所别，育幼习俗为被动形成，爱幼则是主动行为，并要为孩子的将来着想。我国第一部《未成年人保护法》迟至1991年9月4日才在第七届全国人大常委会第21次会议上通过，于1992年执行，2006年12月修订。

是有矛盾的，前者安土重迁，后者游走四方；两种社会所倡导的价值观是互有冲突的，前者主张顺应自然，后者主张标榜个性。而这些主张与观念单拿出来都是无法予以否定的。在这样的两种社会中往来的我们也就难免尴尬与无措，言此而意彼，身心俱疲。

四、两种社会中角色建构的差异

其实，安顿身体与追求心灵慰藉一直就是人类所特有的普遍矛盾，前者是要顾及人的物质性存在，后者是要顾及人的精神追求，即所谓现实与理想的矛盾。中国的传统儒家士人表达为“居庙堂之高，则忧其民；处江湖之远，则忧其君”，在这个矛盾中，推崇的是达则兼济天下，穷则独善其身。

我们认为传统的乡土社会是遵循自然法则的社会，但绝不是顺应了自然就没有矛盾。现阶段，我们后脚还在乡土社会的泥泞里跋涉，前脚已试图或者说正在探进现代社会的另一片“泥淖”之中，没有更好，也没有更糟，缺乏可比性，我们也就一如既往地不知所措，走一步看一步。

传统乡土社会中的角色建构必须顺应自然，当然，社会在已经有了一定的发展后，本应该丰富角色的社会属性，并鼓励角色对自主性的追求，但在高度发达的传统农业社会，性别分工日益森严，进而导致种种社会隔离，如性别隔离、阶层隔离、职业隔离等。只要生计方式不变，所有的努力几乎都变成作茧自缚，最为典型的就是从性别分工到性别分层，谁能说最初的自然属性下的性别分工是错的？而到了工业社会，角色建构则以搁置自然属性、发展社会属性为本，并随着社会的文明程度，不断修正社会属性的内涵，这似乎是一个让人乐观的进程，但由于职业竞争的激烈，人的自然属性日益被遮蔽或被扭曲。诡谲的是，在可以预期的时间内，人的自然属性不可能大范围被施以人为改变。

作为渺小的个体，在漫长却不变的生活方式中，山水中的家园成为我们精神之树生长的土壤。而当我们离开家乡，生存空间被压缩时，家园就成为我们寄托了无数安慰的地方，其意义空间被放大。那么，人必须有一个家乡吗？没有家乡我们会不知所措吗？没有家乡我们就不知道如何安排与理解人与人之间的关系吗？家乡是一个安放了我们不羁的童年和失去的温情的梦乡吗？难道，对家乡的所有怀想不是多少带有一些对现实无奈的情绪吗？我们赋予家乡的色彩其实不正和家乡之所成为家乡一样有点别无选择吗？也许，我们的困顿只是不知道顺应自然与标榜个性该如何搭配才能恰到好处。

实际上，家乡的内涵不是这么单纯的，它囊括了我们赖以成长的所有价值、规则与情景，成为对当下不如意的精神避难所，一旦真的回归，传统乡村生活的艰辛、物质的匮乏与公共空间的狭窄又是让我们难以忍受的。对家乡的怀念并不能表明传统的乡土生活方式是一种值得坚守的方式。不论在哪里，真实的生活都有单调、庸常甚至狰狞的一面。[①]“乡村牧歌是士人们虚幻缥缈的憧憬，而牧歌的自由精灵隐藏在城市”[②]。当然，更有可能的是城市里的居民有更多的话语权，有机会对别人说出自己的渴望。乡村居民则只能对神像倾诉自己的愿望。无论如何，有青山绿水相伴的成长期成为缝制我们后半段人生精神霓裳的“布料”，这些“布料”出处是真实的，但被我们的经历和记忆裁剪过，这也是

---

① “单调与庸常”与不变的生计方式、社会成员身份的固化有关，“狰狞”不仅是指宁静重复的生活中的一些恶性家庭事件，更指人的一些热切的希望与行为在现实禁锢中的落败，对心灵不顾现实的欲望要付出沉重的代价，这后一点在不同的环境中是一样的。“狰狞”还指在琐碎庸常的生活中，人性中明亮色彩的消失。

② 党国英：《城乡是“两个世界”?》，载《新京报》，2010年3月6日，B04。

不可否认的。

农业社会中，对安身之处其实是别无选择的。在春播秋收的季节轮回中，人们只能忠诚地坚守在山水之间，在重复不变的单调而漫长的劳作中，培养出对土地的情感。家与国的观念一直在变动之中，但“在山环水绕中的一片房舍”则成为一种象征，人们无论老幼、男女就在这样的空间格局里安于其位，春播秋收，死生继替。这是社会有序化的表现，而有序是一个群体稳定、持续存在的前提条件。祖先很自然地把家与国的抽象意识投射到这片山水和房舍上，或者也可以说是人的精神归属意识高度发展之后的明智表达——难道还能选择别的归属对象吗？

山水既盛放了我们的身家，又是我们劳作的对象，于是，“故乡的小河”、“村口的老槐树”成为从出生到青年阶段所有执著或散漫的、高尚或卑下的、隐秘或大胆的情感与追求的象征。而一旦进入都市社会，所经历的基本上是对这一象征的否定。所以，凡是有过乡村生活经历的人，对这种被否定的苦闷感受深切。

随着工业社会的到来，我们开始四处漂泊，我们丢失了真实的家园，字典里的“家乡”、“故乡”等词汇必须靠想象才能理解。因为旅游或者外出谋生，我们倒是见识了更多的山水，但山水日益成为“客观”的存在而与我们的成长无关。没有了“园”、“乡”，家变成灰色高楼里被压缩的空间。回望我们的成长，因为没有不变的山水作证，也没有共同的记忆互证，我们的成长经历一片模糊。

没有了可以居守的家，数千年文化传统为女性的定位也就流空，好的一面是女性开始拥有了空前广阔的发展空间，而难以评说的一面是家园萎缩，我们疲惫的身躯无处可以交代，不论是男性还是女性，内心深处的漂泊无依之感如影随形。

我们信仰家园，但家园面临崩析，西方人说我们没有宗教信仰①，我们则认为我们信奉家庭，现在却似乎正好印证了“没有信仰”的说法。不论把摩天大楼建得多么耸入云天，我们终将归于泥土。“人类所有的进步。不断地使人类和它的原始状态背道而驰”②。鲁迅说：“真的勇士敢于直面惨淡的人生。”既为人类，是否也该直面这个“泥土”人生？

西南民族所表现出的农业民族的古老风貌已成为我们对乡村家园生活最后怀想的实在样板。但家园不是我们所简单理解的家庭，而是一个多层次、多向度的既实在又充满想象的多维网络，山水中坐落的村庄成为其第一层外在具象表达，是在“大地”上勾勒出的“世界”，与尊崇自然这一核心观念直接相关联，在衬托出传统乡土社会的温情的同时，还普遍表现出社会公共空间狭窄、物质生活贫乏、个人发展机会稀少等特征。在这样的多维网络中，两性顺应自然有了各自不同的位置。我们习惯了这样的安排，却在轰隆隆来到的工业时代中，迷茫于如何重新创建我们的家园，误把“世界”当作“大地”，以为可以在世界里找到大地上才有的让我们可以悠然其间的尊严与愉悦。而社会在思考如何形成开放与开明的两性角色期待上，尚需细致、周密且漫长的探索与磨合。

---

① 关于中国传统社会的宗教信仰问题，钱穆在《再论中国社会演变》、《中国传统政治》、《中国文化传统中之士》等文中已讨论得十分透彻，并在《中国历史上的传统教育》一文中明确说“在中国的文化体系里，没有创造出宗教”（钱穆：《国史新论》，北京：生活·读书·新知三联书店，2001年，第217页）。所有论述是我们惯常所忽略的角度。中国传统士人所维系的道统，实际上完成了西方宗教的“圆融社会，慰藉人生”的职责。道统的主要内容以儒家文化为主，但亦糅合了春秋战国以来诸子百家的精神，及后来的佛教义理，而道统犹以对士人的修齐治平的期待，使所推崇的精神与理想得以在中国社会中一以贯之。但今天士人阶层消失，维系中国社会的一以贯之的精神与理想亦崩塌。

② 卢梭著，李常山译：《论人类不平等的起源和基础》，北京：商务印书馆，1982年，第63页。

第二章　生育——两性角色差异的滥觞[①]

如今提倡保护环境、尊重自然，但我们只看到了身外的世界是自然，常常忽略了我们自己本身也是自然，饥食渴饮是自然，生老病死是自然，生殖繁衍是自然。固然，社会建构实质上就是对自然本性的某种违逆，但此中最为要紧的就是一个“度”的掌握。

不久前我们还习惯于用男尊女卑这样的概念评价不同民族传统社会对两性角色的定位。但实际上，男女两性地位的差异在不同社会中是不一样的：表现方式不一样，程度也不一样。人类社会早期，在物质财富或社会公共物品极度匮乏的情况下，人们的无差别不同于今天的平等，我们过去通常将其表述为“原始共产主义”。到20世纪中期，云南一些民族保留了相当多的前封建社会的一些文化习俗，但也受到邻近各民族的影响。所以，我们既不能把一些20世纪中期以前的西南少数民族社会中的男女生存状态的差异简单地贴上男尊女卑的标签，但其社会中也存在需要具体认知的性别角色差异。

在那些物质及社会公共物品相对充裕的社会，不平等现象及人们对平等的追求成为一种重要的文化现象。男女社会地位的差异是社会性不平等在两性角色关系上的表现。在西南少数民族社会，尤其是那些偏僻的山寨社会，其社会财富积累稀少，社会阶

---

① 本章由熊丽芬、李劼合写的《西南少数民族两性角色差异的支点》（载《中央民族大学学报》，2010年第1期）一文修改而成。

层的分化很不明显，社会性不平等无从体现，两性的角色差异尚未在观念形态上得到明确认知。

当然，另一个与之相对应的现象是，在那些交通沿线和各级政府机构所在地，两性角色差异的观念似乎又很明显，这显然与这些地方的文化交流有关。数百年来王朝国家在对西南地区加强管理的过程中逐渐输入了主流文化对两性的观念性认知。20世纪中期以来，由于社会变革的需要，我们对西南各民族中女性的艰难生活状态用“男尊女卑”做了概括。如此简单定论，也许反而会掩盖另外一些值得探讨的问题，如各种资源极度稀缺的制约性、性别分层的阶段性特征、生育与性别角色差异的深刻关系、人们群体如何与身外世界持续共处等。同时，我们也可从西南少数民族两性角色关系的状态中，探索从自然差别到机会差异，再到等级分层的异化过程。

实际上，今天的我们还不自觉地沉浸在人的寿命被大幅度延长的狂喜之中，因此对漫长历史上人们强烈的生育意愿及行为难以理解。“像欧洲在1850年到1950年100年间人口由28000万人增加到57000万人，年均增长7‰，我国在1840年到1949年109年间人口由41000万人发展到54000万人，年均增长仅2.6‰，如果跟欧洲国家发展速度相同的话，我们解放初应该有9亿人，旧中国人口发展慢并非人口出生率低，出生率不光不低于西方还高出他们一倍多，发展慢的主要原因是高死亡率，如1938年西方国家死亡率为50‰上下，我国为163‰，边远省高达430‰”①。新中国成立前夕，我国的人均寿命还不到40岁，新中国成立至今的60年间，我国人均预期寿命接近72岁，延长了30多岁。所以，新中国成立后我国人口的急剧增加，很重要的一个原因是死亡率迅速降低，这既包括寿命延长后老龄人口增多，也包括新生

① 《中国人口发展史》，www. fcxjsw. gov. cn，2004 - 08 - 31。

婴儿存活率的提高。在此情况下，虽然生育率不变，但总人口迅速增加。

在极度的社会动荡或者战争之后，生育通常是得到鼓励的。20 世纪 50 年代的前苏联就曾奖励多育的母亲。美国从 1946 年到 1964 年经历了“婴儿潮”时代，那时战争刚结束，人们沉醉于和平之中，说不清是对劫后余生的喜悦还是对不可知未来的担忧，新生命既是庆贺，也是对不可知未来的保险。中国历史上新王朝建立后或是政治家运作自上而下的改革时，新政中的主要条款就是“劝课农桑，与民休息”，一段时间后国家的登记户数就会增加。

在西南地区严酷的生存环境中，各民族的习俗都表达了对人丁兴旺的热切祈盼。

生育行为与生育意愿密切相关，生育行为是私人行为，受生育意愿支配，而生育意愿则受各种社会存在的影响，最终决定生育行为。如果把生育作为纯粹的私人事务，则是忽视了生育意愿的深刻社会根源，但如果过于强调生育的社会属性，那么，公共政策就会干预人们的私人生活，难免又会粗暴专制。生育就这样成为一个难以分类的事务。如何调控人口规模，使之有合理的结构，与社会发展相适应，在当今很多国家都成为一个难题，或者说一直以来都是人类社会的一个难题。所以说，现实中不存在合理的人口规模与结构，只不过是社会评估后照此理想目标制定政策进行调整，而目标与调整后的结果通常是有距离的。具体到由生育所决定的人口结构，由于人们生育意愿的不确定性，所以，政策调整的滞后性与由此带来的无奈也非常明显。

1989 年日本的总和生育率降到 1.57 时，国内即发出一片惊呼，政府立即动手解决如何创造一个更有利于妇女生育环境的问题。[1] 而对“几十年来一心扑在降低生育率上的中国来说，对过低生育率及其影响似乎还没有做好准备”[2]。而生育就直接关系到两性的最为具体的劳动分工，进而深刻地影响两性的社会分层。

一、人类与身外世界的交换与平衡

繁殖自己的后代是所有生物的本质属性之一，许多生物看似奇妙的性状或习性，其实只是为了繁殖后代而要的花招。水果的艳丽色泽，是为了吸引鸟来啄食，水果的籽则借了鸟的肠胃和翅膀，得以大范围地播撒。还有一些鱼类，为了繁殖后代，不惜一死。比如三文鱼、大马哈鱼，它们出生在淡水河，之后顺水流到大海里巡游一番，逃过海洋里大鱼的追杀后，又回到它们出生的河里，在有时水深还不能淹没自己身体的河里拼命地逆流而游，身体因为用力和与河床石子磨撞而变得通红，到达目的地后产卵即死。而高等级的哺乳类，其行为特征更接近人类。狮子以家庭为单位生活，通常一头雄狮配数头雌狮及雌狮生育的幼狮。在雄狮年老体弱后，年轻的外来雄狮会取代它，而这位后来者会想办法驱逐甚至咬死前任的幼崽。

人类自身的生育，其实与其他动物类似，但因为人类有了文化的手段，赋予生育更多附加意义。为什么要生育？每一个人都会说出一些的理由。可是，你如何能用文化对自然行为的目的进行周全的解释呢？生育就是生育，作为一种本能，任何附加的意

① 《理性分析总和生育率》，载《迫切要求改变人口政策》，http：//bbs. tiexue. net，2005－05－20。

② 《学界呼吁调整人口政策》，载《南方周末》，2008年12月25日，C14。

义对这些行为本身而言都是“画蛇添足”，但喜好画蛇添足——为各种事物附加上各种意义，正是人区别于其他动物的特点。生育行为也才在不同民族中，呈现出不同的意义，到今天，成为影响本国、本地区人口结构的一个关键因素。

西南地区很多民族都有给孩子举行成年礼的风俗，之后，他们就有了自由结交异性朋友的权利。婚姻是社会关系对自然关系的覆盖，婚姻的实质虽然是连接不同的氏族或是家族[①]，但婚姻关系是建立在自然的两性关系上的社会关系，其自然属性必然要求作为社会行为的婚姻首先要有助于自己后代的生长，这个基于自然的功能到今天显然超越了婚姻功能在于联盟的社会动机。这也正好证明第六章所述，婚姻的结盟功能在现代社会正在衰退，但其基于自然的抚育幼子的功能却不仅保留，而且得到法律的保障。强调婚姻对子女的保护在我国的传统中尤其突出，改革开放之初，人们对此有过异议，认为为子女维持婚姻外壳，不值得提倡，但近年有所改变。每个婚姻中的人对此都各有心得，在此难于细述。

由于平均寿命在 20 世纪后半期得到迅速延长，速度之快超乎人们思维的承受能力，人们不得不花一些心思来面对迅速延长的生命，思考问题时自然就会更为关注自己的一生，而不再像从前那样重视通过生育后代来延长家族的生命。如此一来，人与身外世界的动态平衡的可调控有效时间周期实际上缩短了。以前尽管个体生命相对短暂，但代际间连接紧密、顺畅，与身外世界调控的有效时间以家族存续时间为周期，通常长达百余年，一些土司世家、家族工商业甚至长达数百年；而现在虽然个体生命延长，但家族血缘关系松弛，代际关系细弱，与身外世界的有效调控时间以个体生命的存续时间为周期。显而易见，“点”状的个

---

① 参见本书第六章“婚姻形态多样而本质相同”。

体是无法与“网”状的家族相提并论的。于是，各种社会行为上的短视、急功近利成为常态。这正如妇孺皆知的那个愚公移山的故事，终愚公一生，对门前的那两座大山想来是无可奈何的，但愚公骄傲地说，子子孙孙是没有穷尽的，于是搬走大山成为可以预期的事。人正是通过自身绵绵不绝的世代更替，与身外的世界构成了一个对峙的但又是可以调控的内外交换平衡机制。关于这一点，不论是网状的家族还是延长了的个人寿命，这一机制一直在起着作用。

当然，“人生代代无穷已，江月年年只相似”。身外的世界尤其是自然宇宙也许变化缓慢，但有的人生在数十年的时间里却可以演绎出或波澜壮阔或跌宕起伏的场景。这是人生问题而不是人口与生育的问题。只是不论多么伟大的人生，都无法与自然相比附。

从社会动荡、战争频仍、民不聊生的20世纪上半叶到国家间基本没有大的战争的下半叶，生育率的变化其实并不大，基本维持在5—6个孩子之间，2007年的一篇文章就提到“总和生育率已经从上世纪70年代的5.4大大地下降”①。新中国成立后，政府利用农村有生育经验的妇女普及简单但却非常有用的助产卫生知识，新生婴儿的死亡率迅速从新中国成立前的20%以上，下降到了大跃进时的8%。② 同时，大力推广农村合作医疗，根除了严重危害人们身体健康的许多传染病，平均寿命也在逐渐延长，人口总量自然就大幅增加，故而使5—6的生育率逐渐成为社会难以承受的高生育率。生育在人们心中的迫切性得到极大缓解。但多年来的人口研究只告诉人们，人口总量的增多与人们多

---

① 丁东：《能否适时调整人口政策》，载《新京报》，2007年11月24日，A03。

② 黄平、姚洋、韩毓海：《我们的时代——现实中国从哪里来，往哪里去?》，北京：中央编译出版社，2006年，第60页。

生育有直接关系，而疏于告知新中国成立以来人口总量迅速增多的各种复杂原因，其中一个重要的事实就是婴幼儿死亡率的大幅下降。

同时又由于平均寿命的增长——差不多平均两年就增加1岁以及社会的文明与进步，人们有条件思考该如何更好地在有生之年发展自己，而不必再把更多精力投入到生养后代的事务中。“应该把人口自然变动的事实看做社会的事实，这不是因为它们与社会生活的其他事实有紧密的联系，而是因为它们说明社会群体的生命活动的特征。这些作为社会现象的事实，就其基础来说，具有社会性。”① 此话还有另一个意思，即一个社会成员的平均年龄与该社会的成熟度相关，平均年龄小，则各个衡量社会发展程度的指标，如母婴存活率、预期寿命、平均受教育程度、人均收入等数据也较低，但有较大提升空间；平均年龄大，则社会发展也许相对成熟，但也会趋于保守，表现为人口的老龄化、劳动力人口减少、发展后劲不足等。当然这只是一般性地来推测社会的活力与发展潜力。社会的发展活力固然是受制于资源配置、行业结构、管理的观念与具体的制度等，但与最具能动性的人力亦有着密切关系。

当然，也有可能是生育率和人均寿命都不高，如俄罗斯。“目前，俄罗斯需要每个妇女养育2.1个孩子，才能维持现在的人口数量。但是根据联合国的报告，目前俄罗斯的生育率只有1.4。”②而俄罗斯男性平均寿命才58岁，比西欧国家少16岁。③

一个普遍的现象是，越是社会动荡，越是朝不保夕，人们越

---

① ［前苏联］B.C.斯捷申科著，王濂溪等译：《人口再生产的理论与方法》，北京大学出版社，1985年，第220页。

② 《低出生率与高死亡率并存》，载《新京报》，2006年9月23日，A20。

③ 《普金满意俄奖励生育政策》，载《新京报》，2009年3月1日，A21。

是希望通过生育来承载自己对未来的期待。所以，在某种程度上，高生育率的社会，正是通过较短的世代更替来与动荡的外部世界形成一种交换平衡机制。[①] 第二次世界大战后在萧条的欧美各国和日本都形成了生育高峰。更有甚者，一次停电事故也能促成一个生育小高峰。承平日久，社会安定，生产发展，人们的生育意愿就会下降。2000 年，很多人口学家就已经在呼吁，我国的生育率已经降低到 2.1 的世代更替水平以下，应该调整独生子女政策。[②] “生育不仅是繁衍后代的动物性的行为，更重要的是维系生产，扩大再生产，发展经济的要素。”[③] 但随着人们对自我发展的追求，越来越多的人选择不生育，并把自己的这种选择上升为是对减轻社会负担的一种贡献。个人的行为选择虽然最终会以社会集体行为的方式表现出来，但这不是加法的方式，而是一种非常复杂的关系。[④] 加之一胎化政策的实施，新生人口的逐渐减少，势必影响人与外部世界的调控规模与周期。生养负担减轻，个人寿命延长，不只是给我们更好地享受人生提供了条件，显然还会带来社会伦理规则的一系列变化。以前我们做事要顾及三代人，甚至四代人，现在则只管自己，决策缺乏长远性、环境污染、老

---

① 现阶段也有很多人对未来缺乏信心，或者觉得经济、生活负担太大而不生育。但生育本身不是一个可以完全计算的行为。报端屡见养大一个孩子要花费多少的统计，花费固是不菲，但生育本身还是一个情感过程，有谁能算得清情感呢？今天固是无需再谋算养儿防老，但谁敢说自己一生不需要情感的润泽？你就算不要子女，难道还没有父母吗？

② 《学界呼吁调整人口政策》，载《南方周末》，2008 年 12 月 25 日，C14。

③ 《对云南少数民族生育率持续下降的分析研究》，载晋城在线（JCONLINE），2004 年 12 月 24 日。

④ 在一个自由度较大的社会，人们可以根据自己的意愿选择行为方式，虽然很多社会存在会影响人们的行为，但都经过了头脑的过滤，所以，从理论上讲，不存在行为的趋同性。但由于人们的从众心理（其实是对安全感的追求），也因为社会事实表现出的某种价值象征性，人们会选择同样的行为。比如，一段时间，不打算生育孩子，被认为是给社会减轻负担，是对自我的标榜，是追求自由、洒脱的表现。

无所养等问题势所难免。更何况人们的生育意愿一旦下降，几乎没有哪一个政府能够成功地鼓励人们多生孩子。[①] 俄罗斯、西欧各国、中国台湾，例子比比皆是。

生育是人类社会存在和延续的本质属性之一，人们生育的时间可以有早晚的不同，生育的孩子可以有多少的分别，今天甚至生育的生理能力及孕育胎儿的方式也可以借助于复杂的尖端技术，但人类自身与外部世界的持续共存、交互影响是通过世代更替来完成的。生育虽然是一种自然行为，但在数千年的文化模塑过程中，生育行为的影响已经被抽象化而参与到人们精神世界的构建之中。2011 年《新京报》特别报道："汶川地震中，8000 多个独生子女家庭失去孩子。2008 年 7 月，'再生育全程服务行动项目'在四川地震灾区全面启动，涉及 14 个市、54 个县、1041 个乡镇。截至 2011 年 3 月底，已有 3761 名妇女怀孕，2864 名婴儿健康出生。"[②] 在大灾大难降临时，最能给人以希望、慰藉的就是新生命的诞生。所以，近百年来，我们对生育的认知是过于简单化了。也正是历史上不同地区人们对生育重要性的一致认识构成了两性社会差异的滥觞，生育逐渐由生理行为转变为社会行为，被赋予越来越多的象征意义，两性的生理差异异化为社会差异，而且这是一个世界性的现象。

当然，有的人被生活中的艰辛与无奈所累，认为生育后代，不过是让他们重复一种蝼蚁草芥般的缺少尊严的生活，那可真是过于高看了自己，也过于轻看了蝼蚁草芥。"天地不仁，以万物为刍狗"，对自然宇宙来说，人类与蝼蚁草芥还真没有什么区别。人的生活意义是人类自己赋予的，其意义既拔高了人类自身，也是某种作茧自缚。

---

① 《学界呼吁调整人口政策》，载《南方周末》，2008 年 12 月 25 日，C14。

② 《震后新生命抵挡忧伤》，载《新京报》，2011 年 5 月 13 日，A28。

二、西南少数民族的世代更替

生育是人类的本质属性之一，但在过去也是一件风险很高的事，这从前文中提到的新中国成立前我国边远地区新生儿死亡率高达43 %就可以略有所知。20 世纪 40 年代初期的一份调查报告就提到，“170 个 45 岁以上各种苗族之妇女，共生男女 1031 人，平均每一苗族妇女生 6. 0 强，此数颇高，但生后死亡之男女计有 517 人，占生育总数的 50. 2 %”①。恶劣的生存环境、物质与技术的缺乏是西南地区少数民族其生不繁的重要原因。20 世纪的一份调查报告中提到，广东瑶族 20—40 岁相对集中，更年少或年长者都不多见。“从此种表面情形来看，则其生殖弱，寿命短”②。直到今天，还有一些居住在边远地区的人们在生育时因得不到医护人员的及时帮助而死去。2008 年 5 月 11 日《新京报》的“视觉特刊”选择刊发了中国扶贫基金会“母婴平安 120 行动”项目的“藏区援助计划”。云南德钦藏区的母亲们或因大山的阻隔，或因费用的难以承担，她们面临着更多的生育风险，该计划可以帮助她们到医院生育，或者把接生员请到家里来。

历史上，贫困边远山区的各民族在物质和技术都极为有限的情况下，形成了自己一套对生死的认知和关于生命更替延续的文化。

西南地区很多民族传统上是有婚恋自由的，婚前生子也就十

---

① 陈国钧：《苗夷族中生育与死亡的数量》，载吴泽霖、陈国钧等：《贵州苗夷社会研究》，北京：民族出版社，2004 年。

② 江应梁：《广东瑶人之今昔观》，载杨成志等：《瑶族调查报告文集》，北京：民族出版社，2007 年，第 252 页。

分寻常。“男吹笙于前，女牵带从之，绕场三匝，相携入丛菁间……然必有娠而后得嫁”①。壮侗语族、苗瑶语族的一些民族有不落夫家的习俗，待有孩子后才定居夫家，举行更为隆重的仪式。贵州黎平一带的侗族有“解关”之俗，女子出嫁时无嫁妆，待头胎孩子出世后，娘家才将本家族准备的款项粮食送去。②

这些习俗从另一个角度看，就是保证倾尽财力娶回家的女子是有正常生育能力的。如果有人据此评价说这是男权观念在作祟，把女性当作生育机器，看似有理，实为媚俗。③ 他们显然难以体会这样的事实：在过去有半数婴儿难以成活的偏僻山村，只有靠多生育来保证绵绵不断的世代更替，才能艰难维持本群体与外部世界的联系与平衡。也正是通过这生生死死的更替，人们依赖新的生命抛却了或者说是掩饰了对死亡的恐惧，在物质与技术极度贫乏的深山，追求自己宁静安详的生活，而不是麻木地活着。如果一个人不能在自己的手上接续编织家族这张网络，既是自己的失职，也是家族群体的缺失。所以，生育是每一个群体的大事。

熬过初生时的忐忑不安后，人们就要为新生的婴儿在这个群体中安排他的位置，比如办满月酒、起名字、拜亲戚、告祖宗，就像织渔网，一个结一个结地往下织。死亡之所以被隆重地对待，乃是因为他活过，他给这个群体留下了他的印记，使这张网

---

① 丁世良、赵放：《中国地方志民俗资料汇编》（西南卷），北京：北京图书馆出版社，1991 年，第 485 页。

② 唐祈、彭维金：《中华民族风俗词辞典》，江西教育出版社，1988 年，第 119 页。

③ 这是一种懒于思考的想当然的判断，不假思索地站在弱势一方，为自己贴上廉价的主持正义的标签。须知主张正义从来都是要付出代价的。否则，更可能是媚俗甚至是无知。不可否认，权贵人家多妻，多是把女性当作生育机器，但不能由此判断百姓人家的妻子也都是生育机器。社会对不能生育的夫妻是有补救规则的。

通过“他”这个结点可以继续编织下去，他的肉体逝去，但他打下的结点还在。

贵州麻江一带的苗族在新中国成立前有“闹尸”一俗，“将葬，击铜鼓，吹芦笙，曰‘闹尸’”[①]。清乾隆时谢圣纶编辑的《滇黔志略·贵州杂记》记载：“苗人亲死，则聚亲族笑呼歌舞，谓之闹尸，又曰唱斋。至明年春月闻杜鹃声，比户号哭曰：‘鸟犹一岁一来，吾亲不复至矣。’”[②] 道光年间的《铜仁府志》记载：“苗人死，仍用棺……将死人所遗衣服装像，击锣鼓群相歌舞，名曰‘调鼓’。”[③]《玉屏县志》记载：“葬前一二日，民间有善歌者唱歌彻夜，曰‘歌堂’……”[④]《丽江府志》记载：“土人亲死，既入棺……亲戚男女毕集，以醉为哀。”[⑤] 《镇越县志》说：“僰人信佛，对于死者躯体上之情感极为薄弱，丧葬之礼因之简单。无灵床，无贡献，不用刍灵、冥镪等物，不着丧服。为子妇者，无论平民贵族，均须先请缅寺礼祷，然后方能为丧。”[⑥] 生活在自然环境恶劣的武陵山区的土家族，他们在丧礼上高唱“撒尔嗬”，又叫“跳丧鼓”、“跳撒尔嗬”，跳丧不论亲近与否，也不论辈分高低，大家一块参加，越热闹越好。[⑦] 庄子妻子去世

---

① 丁世良、赵放：《中国地方志民俗资料汇编》（西南卷），北京：北京图书馆出版社，1991年，第613页。

② 古永继：《滇黔志略》（点校），贵阳：贵州人民出版社，2008年，第404页。

③ 丁世良、赵放：《中国地方志民俗资料汇编》（西南卷），北京：北京图书馆出版社，1991年，第453页。

④ 丁世良、赵放：《中国地方志民俗资料汇编》（西南卷），北京：北京图书馆出版社，1991年，第454页。

⑤ 丁世良、赵放：《中国地方志民俗资料汇编》（西南卷），北京：北京图书馆出版社，1991年，第819页。

⑥ 丁世良、赵放：《中国地方志民俗资料汇编》（西南卷），北京：北京图书馆出版社，1991年，第834页。

⑦ 萧洪恩：《土家族仪典文化哲学研究》，北京：中央民族大学出版社，2002年，第297页。

时，庄子鼓盆而歌，别人怪他不哭也就罢了，不该如此过分。庄子说，生命随四时而变，此时她正安然处在天地之间，哀哭不是通达知命之态。① 之前已有“三礼”规范人们的日常行为，加之庄子性格乖张，他的表现不会是当时社会的常态，但其“理由”或可解释西南地区各民族对死亡的更为朴素的理解。

当然，很多民族为亲人死后的“不复至”而哀伤。这些事象都反映了各民族在不同时期对生与死的辩证认识，是对“生生不息”一词的最佳注释。归根结底的阐述是：死亡是生命存在的另一种形式，所以，人们在表达对前一种生命形式消逝的哀伤时，还应该表达出对新的生命存在形式的庆贺。但这种通达的生死观在今天来看，似乎也透着一些无奈：生命短暂，疾病让人束手无策，死亡更是无从逃避，那就只好换个角度去看待了。但事实就是如此，我们其实对很多事是束手无策的，与其对此坐而哀叹，不如换个角度思考。只是，今天生命虽然得到了延长，可死亡仍然无从逃避，所以，通达的态度仍然很重要。

从西南各民族的习俗上看，对死亡的重视似乎超过了对生育的重视。其实这是一件事的两面。从生到死，是生命存在的一个统一样态。出生前、死亡后则是另一种样态。死亡，尤其是完成了人生历程的老人的死亡，需要活着的人做一个“总结”。

娶一个健康的有生育能力的女子，祈求人丁兴旺是各民族的普遍追求。有的民族盖了公房，便于青年男女交往；有的民族把家里姑娘的居室安排得便于与屋外相通而不易被家人干扰。这些习俗现在通常被我们解释为边疆少数民族青年男女互相表达爱慕

---

① 《庄子·至乐》：“察其始，而本无生；非徒无生也，而本无形；非徒无形也，而本无气。杂乎芒芴之间，变而有气，其变而有形，形变而有生，今又变而之死。是相与为春秋冬夏四时行也。人且偃然寝于巨室，而我噭噭然随而哭之，自以为不通乎命，故止也。”

之情的特殊方式，是他们对情感自由的普遍理解与尊重。这种偏重于精神层面的解释更可能是后世揣测的结果，其最初的目的由于与主流文化的价值观相悖而遭到人们的层层遮蔽。对此不便妄加揣测，但似乎依稀可见在生育方面社会对其成员的一种选择意图，成为谋求优育的有效办法。“走婚文化”实际上限制了身体有疾病或是劳动能力有限、性格孤僻的人生育自己后代的机会；同时这一习俗又使那些身体健康、长相端正、性格开朗、能劳动的人，有更多的机会生育自己的后代。两性在这一选择机制面前机会均等，这显然与男权话语主张的女性从一而终相悖。

历史上随着文化交流的深化，有越来越多的民族根据汉族的“六礼”缔结婚姻，虽多有简化，但比之自己的传统做法，象征夫妇和睦、子女双全的祈福内容增多，婚姻越来越多地表现出对人的自然属性的某种规约性。在书目文献出版社出版的《中国地方民俗资料汇编（西南卷）》中，众多地方志都记录了当地的少数民族已经用简化的“六礼”来缔结婚姻，有的是在自由恋爱后，再请媒妁牵线。《镇雄县志》记载：“古代婚姻不先请媒妁……两情谐和，男女归告父母，始通媒妁……近代……听媒妁之言，由父母包办。”① 婚姻一旦具备了某种严格的规范性，也就表明血缘、世系的脉络清晰，相应的丧事也有了一定之规，对血缘世系的重视，具体就表现为对祖先的尊崇和对后代的重视，是为“慎终追远”。

婴幼儿的高死亡率导致很多民族都有祈求孩子健康长大的习俗，过早死亡的不算是真正的人，那些夭亡的婴儿都被家人草草埋葬。“满月酒”之所以成为一个普遍的习俗，也是因为初生婴儿满月后成活的可能性大增，父母家人可以正式地把他编织进家

① 丁世良、赵放：《中国地方志民俗资料汇编》（西南卷），北京：北京图书馆出版社，1991年，第744页。

庭家族的网络之中。

基诺族在孩子出生9天后，要用“阿桑母”仪式给孩子取名定魂，并以主持仪式的巫师名字的头两个字来取，这个名字是孩子取得社会承认的象征。[①] 如果孩子活不过9天，相当于没有存在过。民国时期《麻江县志》记载当地人有“泼水饭”、“铺花盘”、“歃血解关”等习俗，给幼儿祛病。[②]《施秉县志》记载：数月婴儿或数岁儿童患病，常用苗巫“破胎”，谓其灵魂已附他人或仍蓄母胎，久而不破，魂不知返。彼时用雄鸭一，作法毕将鸭心火烧后给病儿食用，魂自然归来。[③] 在各民族中都广为存在的一种习俗是“叫魂”：人们通常认为孩子年幼，灵魂容易走失，孩子一旦生病，就意味着灵魂走丢了，孩子的长辈就要到野地里，一路叫着孩子的名字回家。2008年夏，我在都柳江边的侗寨看到路边插有纸幡，这是有孩子生病的人家插的，说是随风翻飞的纸幡会带走孩子身上的邪祟。鹤庆一带的白族有给体弱的孩子找干爹的风俗，这位干爹不一定是相识的，但要看上去和蔼、家庭成员齐全，最好识文断字。

至于庆贺孩子出生，并用种种方式祝福孩子健康顺利长大的习俗事象则随处可见。彝族喜欢给孩子做虎头鞋、虎头帽，在支撑婴儿头部和腰部的褓褓上和把孩子背在背上的背带上，都绣有精美的花鸟图案。水族的马尾绣褙带堪称一绝，其图案与为孩子祈福相关。

虽然对人丁兴旺都怀着虔诚的愿望，但西南各民族对人口与

---

① 唐祈、彭维金：《中华民族风俗词辞典》，江西教育出版社，1988年，第121页。

② 丁世良、赵放：《中国地方志民俗资料汇编》（西南卷），北京：北京图书馆出版社，1991年，第617页。

③ 丁世良、赵放：《中国地方志民俗资料汇编》（西南卷），北京：北京图书馆出版社，1991年，第603页。

生存的关系也非常清楚。在费孝通与王同惠于20世纪30年代调查写成的《花篮瑶社会组织》一书中，开篇即谈到瑶族的限制人口的意识，当地妇女大都知道堕胎的草药，万不得已时也杀婴。[①]我们如果用今天的观念来理解过去的杀婴行为会陷入理解文化其他构成部分的困境。在物质与技术都极度匮乏的偏僻的山寨里，人们不论是在观念上还是物质条件上都还没有能力把一个初生婴儿看做一个完整的生命，所以，夭折的婴儿不能进入村寨的墓地，只能被随便找个地方处理了。

贵州从江占里村侗族自清代来到这个地方后，深知人口增长对土地的压力，全村人形成一个共同的认识——控制人口数量。他们找到了节制生育的药物，每个妇女一生只生育一男一女两个孩子，而且也都是村内婚配，如果嫁出村一个就娶回一个，数百年来，村里人的智力水平也十分正常。近几十年来，其周边的村寨的人均耕地在逐年减少，有的只有六七分，而他们一直保持在近一亩半。[②] 这是一个理想化的特例，但说明对人口与自然资源的复杂关系，是一个被人们普遍认知的事实，并不高深；而没有处理好的群体，各有各的难处，也说明这个问题知易行难。

今天各个国家和地区的孕产妇和新生儿的死亡率已经成为衡量一个国家或地区社会发展水平的重要指标，也是评价政府工作的重要标准。当我们看到在五六十年前有些山寨的孕妇只能在牲口棚里生育时，有人得出结论说这是妇女地位低下的最直接的证明。北方一些民族也不例外。获得2008年茅盾文学奖的《额尔古纳河右岸》中就多次提到，那些临产的鄂温克妇女必须自己另搭建一个仙人柱用于分娩。

---

① 费孝通、王同惠：《花篮瑶社会组织》，载《瑶族调查报告文集》，北京：民族出版社，2007年，第26—27页。

② 据本书作者2008年的访谈所得。

实际上，由于受到技术和物质条件的极度限制，人们把对生育的希望与恐惧交给了神灵，一些陋习在最初形成时与贵贱、尊卑实在没有太大的关系。比生育更为频繁地给女性带来不宁的是月经，在大多数民族中，经血都被认为是污秽的、危险的，所以，行经的女性都有种种禁忌，然后逐渐发展为对行经的羞耻感，再后来，被利用为性别分层的导向性因由。[①]《金枝》第六十章介绍了非洲、澳洲、亚洲、欧洲的不同民族对少女月经初潮、行经期妇女、刚生育女性的各种禁忌，其中一些对初潮少女的禁忌以今天来看，简直可以说是残酷。弗雷泽分析认为，保持了这些禁忌的民族相信，初潮少女的力量强大，必须把她们与大地、太阳相隔离，才能避免污染这两个生活的伟大来源。[②] 虽说很多民族社会到了晚近都已经对男女的生命有了基本的认知，但人们尤其是女性对自己生理特征的羞耻感仍然如影随形。很多研究提到西南民族有“害羞文化”，但对于为什么会有“害羞文化”、害的什么羞，又是众说纷纭了，对生理现象的认知是根本原因。

可是，弗雷泽提到的“强大”又指的是什么？初潮表明一个女子具备了生育力，生育力是一种多么伟大的力量，因此，把女性的生理特征视为一种污染，实际上已经是男权话语下对女性角色特性的描述。孕育生命的力量是不可忽视的，所以，新生命是另一回事，是值得赞颂的，但为了新生命的孕育而存在的女性生理特征则是邪恶的，而且是一种“强大”的邪恶，必须与大地、太阳相隔离，以免除污染。

生育时妇女们刮骨剔肉般的疼痛让人心惊肉跳，新的生命又

---

① 李金莲：《阿昌族民间的月经禁忌与信仰习俗》，载《宗教学研究》2008 年第 4 期。

② ［英］詹·乔·弗雷泽著，徐育新等译：《金枝》，北京：中国民间文艺出版社，1987 年，第 842—861 页。

如此柔弱，尤其是在湿热山区，蚊蝇孳生，生物易于腐败，各种病毒与细菌的感染频发，生育就成为一个危险重重的关口。女性因之与“不祥”形成某种象征关系，这个象征意义在持续不断的文化建构中得到方向明确的演变，而成为性别分层的要义之一，但在西南地区，这一轨迹尚未明显延伸。

所以，不是有了男尊女卑，才有女性的被歧视与被粗暴对待，而是因为女性在生育劳动中的艰辛付出，被日益复杂的社会存在异化为女性被歧视的缘由，而由于这些与生俱来的生理特点是无法改变的，反过来又日益成为女性被歧视的“无可辩驳”的理由。

西南少数民族基本上主张恋爱自由，这表明了他们对性、对情感的尊重。婚姻关系却是一种叠加在性关系上的社会关系，于是因为性活动而使女性怀孕生育的新生命有了连接两个家族的象征意义，由于不同的家族拥有不同的内部运转机制和不同的外部关系，社会群体逐渐得以扩大。从性到婚姻，男女的生理差异就这样潜在地影响了两性在社会结构上的不同位置。

婚姻关系厘定的家庭及人伦关系在西南地区也有各种实际存在的不规则形态，比如不落夫家、母系大家庭、幼子继承制、从妻居等。但我们也就此可以发现，由婚姻关系结成的社会群体很难形成较大的规模，如果不能在此基础上生发出以地缘为纽带的人们群体的话，由婚姻关系连接成的人们群体的规模较小，在此基础上难以形成近现代的社会管理制度。把不同的人们群体结成更大的社会性群体，其实是通过社会分工实现的。“要想构建一个更大规模的社会，就必须以分工的发展为前提”①。从这一角度观察西南各少数民族，有些民族直到晚近，都没有形成较为分明

---

① 涂尔干著，渠东译：《社会分工论》，北京：生活·读书·新知三联书店，2000年，第364页。

的社会分工。或者说，在其小群体内，有一定的社会分工，比如手工业与农业的分离，但与外部的分工关系就不明朗。云贵高原与东南丘陵过渡段的商业性林业的经营，西部与青藏高原过渡带的马帮运输业，具备了一些与区域外进行社会分工的性质。由于简单的分工基本上只存在于本群体内部，历史上西南地区的各民族相互间的连接是松弛的。原因有三：其一，破碎的地形阻碍了生产的发展，社会财富的积累速度十分缓慢，而大群体的维系需要更多的经济和社会资源的投入。其二，地形阻隔提高了群体之间增加联系、结成更大群体的成本。其三，每一种观念认知成果都与一定的地域与社会相适应，居住在不同的自然环境里的各个群体的不同知识积累虽然富于独特性，但缺乏大范围推广的价值。

西南少数民族虽然存在多样的婚姻形态，但其以地缘为纽带的更大规模的人们群体的形成，主要依赖于国家的施治，这是历史上从外部促成西南地区各民族形成以地缘为纽带的人们群体的主要力量。这一点在贵州的历史上表现突出。贵州的城镇首先出现于湖南通往云南的沿线，基本是政府机构所在地及军队的驻屯地。这一史实对贵州的整合及整个西南的开发建设都有深远意义。

新中国成立后，尤其是近20年来，东西南北各区域间的经济协作给西南地区输入了极大的活力，而西南地区是旅游资源富集区，还是劳动力的重要输出地，这些来自外界的力量对西南地区的发展给予推动。在这样的进程中，西南地区的社会分工将会复杂化，在前所未有地整合西南社会的同时，内部的社会分层、性别角色差异都会复杂而多样。

三、生理差异向社会差异的异化

生育成为两性分工的合理起点，同时也使两性劳动在社会总劳动结构中处于不同的层次。

社会是按照一定的原则“搭建”起来的处于不断变动中的一种“结构”。一百余年来，有的学者在研究它是什么样的原则；有的学者在研究它是什么样的结构；还有的学者在研究“搭建”的技术。将这些都置于一旁，我们看到，每一个个体，在一系列“奇妙”的社会化过程之后，最终都被“安置”于一个特定的位置上，社会学称之为获得性身份（achived role）。而所谓的社会结构，也是社会有序化的一个过程，由此导致不同部分存在机会差异，经过漫长时间的积累，机会差异演变为社会分层。①

婚姻对外联结了不同的人们群体，对内厘定了相应的人伦关系。所谓的人伦关系，也就是各成员相互间的权利与义务，这一规则在使以家庭、家族为单位的全体成员有序存在的同时，也将成员间的各种不同转化为全体认可的差别对待制度，如尊老爱幼、男女有别、长幼有序。再与外部的因社会分工而形成的社会分层相结合，延伸出远近亲疏、尊卑有别的人际关系模式，婚姻使两性角色不论是在家庭和家族范围内，还是在其外的公共空间都更为泾渭分明。

生理差异是难以更改的，但有些劳动的所谓贵贱差别是因为劳动形式不同而形成等级差异的。家务劳动既隐蔽又琐碎，是

① 《世界是平的——21 世纪简史》的作者认为，新的技术和一些打破隔离的政治事件有助于这个世界的平面化，也就是说，世界不再有等级结构。这是一个理想，首先需要解释的就是世界平面化与国家机器的关系。

"伺候人的劳动"，在传统社会中内容庞杂且相当繁重：炊爨、生养后代、种植（主要指蔬菜）、田间辅助劳动、饲养畜禽、纺织、清洁、应酬和协调各种人际关系。其中又如炊爨，要早早起来舂谷，要上山或下地拾柴火，要制作副食，还要给禽畜煮食……这些劳动与家庭之外社会的关系较为隐蔽，不能直接影响社会，因为所有的家务劳动都只是直接服务于家人，而与社会无关；社会也不能直接干涉家庭，如家庭暴力难于监管，就是因为社会难于直接进行干涉。如果说其他劳动还可以由男性承担的话，其中的生养一项则基本上只能由女性承担，于是主要在家庭内进行的家务劳动也就自然由女性负责。而因为家务劳动的隐蔽性，其在社会劳动结构中的地位低下，导致家务劳动者地位亦低下。即便在今天，家政行业在社会劳动中的地位仍然不高，而那些料理家务、支持妻子工作的男性相比于传统的男性形象，周围人的评价是好则好矣，但总有些遗憾。

男性劳动虽然强度大，打猎这样的劳动还很危险，但时间相对集中，使男性有了闲暇时间，而随着社会财富积累量的增加，促使人类社会非体力劳动产生。我们所熟知的另一个重要原因是男性劳动的经济价值逐渐超过女性，支配性权力得以从中产生。西南少数民族中，由于妇女同男性一样直接参与生产劳动，故妇女拥有相当的经济权利。支配性权力的天赋特质是谋求自身利益的最大化。近代以来，人们用人权、平等、公正等观念来对它进行约束。

查菲茨（J. S. Chafetze）有一个性别体系变迁（gender system chang）的概念："从这一理论出发，性别不平等体系变迁的目标是：（1）性别劳动分工；（2）随之而来的男人资源优势；（3）构成性别意识形态、规范与刻板效应的社会定义；（4）区分男女两性的取向、期望与行为的性别生成过程。"① 人们在承认男女生理差异的情况下，形成了一套界定两性的行为模式，在此基础上又形成了不再局限于生理差异的对两性其他社会差异的认可，并成为恶性循环。而两性角色关系的诡异之处就在于两者间的生理差别必须区别对待，而复杂的社会生活又势必会将这样的区别对待引向不平等。

通过对西南各少数民族传统的生育意愿及生育行为的观察，我们认识到两性角色的差异有一个合理的起点，但又发生了扭曲的变异。两性地位的差异更是社会不平等在性别角色上的投射。西南地区由于社会剩余财富不足的局限，导致社会分层不明显，两性的尊卑差异也不明显。或者说在查非茨的变异体系还只处于从第二阶段向第三阶段的过渡段上。这就更加比较出在一些社会剩余财富较为丰富的地区，包括那些可支配资源相对较多的家庭，两性的地位差异反而更为明显。性别差异是一种社会文化事象，也是一种社会心理事象，差异需要物质形态、社会规则的标识，同时也是社会普遍心理追求的反映。

现阶段对西南少数民族两性角色关系的调整，重点在于帮助那里的女性安全渡过生命中的几个危险生理周期，而不是用一些概念来强化他们并不十分清晰的关于性别差异的心理认知定势。

传统汉文化中对两性的认知已上升至观念形态，反过来这些观念又极大地规约了两性的行为方式，使真实情形与观念认知之间形成封闭循环状。人们不是根据实际需要来决定自己的行为规则，而是根据已有的规范来决定自己的人生，处于查非茨变迁体系的最高阶段。由于这一最高变迁阶段的刻板性突出，我们在强调两性平等时，很容易忽略第一阶段性别劳动分工的合理性。

---

① 乔纳森·H. 特纳著，邱泽奇、张茂元等译：《社会学理论的结构》，北京：华夏出版社，2006年，第177页。

有性繁殖使人类的劳动分工必须以性别为起点，但随着人类社会的形成与复杂化，人们逐渐在此基础上衍生出界定两性的行为模式，即所谓的社会性别。这一概念的明朗化，成为社会对两性认知与定位的刻板印象。西南少数民族由于社会剩余财富的积累不多，社会公共物品短缺，社会内外分层均不明朗，在两性的生理差异向社会差异异化的过程中，尚未完全达到以刻板的观念设计性别的程度。

从西南少数民族的婚恋和生育习俗看，女性面临的最大风险来自怀孕与生育，缺乏科学合理的孕产育幼知识，而这些现象被我们简单地当成历史上性别压迫的证明，反而掩盖了他们对最为缺乏的物质与技术的需要。

在研究两性角色平等关系问题上，我们很容易把对后两个异化阶段的反对延伸到第一个阶段。特定的生理属性曾将女性的自我发展空间予以严重挤压，但今天影响职业选择的性别因素正在被弱化，现阶段女性的发展势头正刚健而迅猛，这与从前的挤压过度有关。但只要两性的生理差异还存在，女性在生育劳动上的主要负担不变，她们职业发展的前景就不会像男性一样宽广。即使有个别女性在社会公共领域的杰出表现，或者说有少量女性进入男性的传统职业领域，也不能掩盖这一倾向。而一些人用上述这样的事例来说明女性将会与男性一样获得发展的机会与前景，其实是无视或者说是不尊重两性的自然差异，当然也忽视了现实存在的性别分层这一普遍事实。

这其中是一个简单的算术题：男女平等意味着两性的总能量基本持平，但女性在生育劳动中的付出要远远超过男性，那么剩余能量就少于男性，也就意味着在职业领域中，女性付出永远也不会有男性那么多。但社会文化却一再鼓吹男女在职业领域有同样的发展前景，如果真是这样，就只有两种可能：或是女性的总能量大于男性——这显然违背我们的前提；或是女性在职业领域不可能有同男性一样宽广的发展前景。通过减少生育来扩展女性的职业发展前景，只能改善两性能量投入领域及投入量的巨大差异，却无法抹平差异。

所以，两性社会角色的平等，不是实际情形中的相同而是法律意义上的平等。但是，将抽象的概念落实到实际中有不小的难度。

第二编

文化因素对性别差异的反映与固化

在社会学领域里，对性别差异的认识主要基于文化，认为性别是社会文化建构的，故有“社会性别”这个概念。① 这固然表明文化对其成员强大的身份性别塑造能力，但有两个看起来似乎是正好相反的事实必须反复强调：一是性别的自然属性，即人有雌雄两性；二是不论男女都是人，都有人的共性。这实际上是对一个现象从不同角度进行审视。

---

① 社会性别理论不仅认为性别是由社会文化塑造的，也探讨在此过程中，社会形成的一套完整的塑造性别角色的机制。中国男性在儒家文化的环境中形成了一种两面气质“男性在公共领域当中的服从进一步加剧了其作为家长对家庭内部权力的恶性膨胀”（佟新：《社会性别研究导论——两性不平等的社会机制分析》，北京：北京大学出版社，2005 年，第 44 页）。既然性别是社会文化造就的，一些社会性存在也会表现出某种性别气质。可推为代表的是先秦楚国诗人屈原在《离骚》中以美人香草自比，“女性话意象在屈原、宋玉笔下，就成为同是男性的君臣双方彼此交涉对应的身份筹码；赋家如何出场，君王又是如何观看性别的模拟与转换，正生动地刻画出政治场中的角力网络”（郑毓瑜：《性别与家国——汉晋辞赋的楚骚论述》，前言，上海：生活·读书·新知三联书店，2006 年）。而流行歌曲中那些自怨自艾的文辞、忧伤旷远的曲调，就是在集体无意识下的女性性别气质的展现，表达的是个体在强大的社会机制面前的无力。社会事实被比附为具有某种性别色彩，阐述的是一种相互间存在的强弱关系。

第一个事实决定了男女差异有其天然性，即使在可预期的将来也无法改变，似乎也没有人为加以大范围改变的必要。这是种子，你不能期望种下豆却长出瓜秧，或是瓜子冒出豆苗来，这潜在地规定了某些社会事实，现今仍在有效运行的伦理规则正是以此为基础形成的。因此，代孕、精子库、人类胚胎克隆等让我们陷入巨大的伦理困境中。第二个事实决定了有很多交往属于普通的人际交往，其间存在的障碍与矛盾除了与性别的社会属性有关外，还受到人类交往普遍规则的制约，不论是一对男女、两个男人或是两个女人，相互的了解与理解总会止步于某一临界点前。就像先哲说的，世界上没有两片一模一样的叶子，世界上也不可能有两个完全相互理解的人。此时用“社会性别”的概念，某种程度上忽略了人的完整的生命过程和心灵世界的能动性。只是，我们似乎永远也搞不清这个飘忽不定的临界点在哪里，而对于临界点后的“黑暗”我们更是一无所知。每两个人的交往认知的临界点都不一样。

显然，基本的事实与关于社会性别的认知理论不完全兼容。既然天生不同，又如多米诺骨牌引发了一系列的后天差异，又怎么说不能完全用天然的雌雄来理解两性的各种差异呢?

其实，我们也许可以认为社会性别的认知理论针对的是人生不同的阶段。在我们可以用两脚行走时，我们更多、更强烈地受到社会文化的规约，而在胎儿和婴幼儿时期及“龙钟而智慧的老年阶段”①，也就是“四脚”、“三脚”行走的阶段，性别退居次要地位，我们只是一个个的生命体，希望自己幼时天真、可爱，老时温和、慈蔼。社

---

① 此处的“龙钟而智慧的老年阶段”非实指，而是指思考的能力，由于社会文化的形塑，男女思考的内容不一样，甚至思考时所侧重使用的方式也不一样，但思考的基本方法为归纳、推理、类比、综合，或者触景生情、浮想联翩，没有哪一种能力专属于男性或者女性。正是这种思考的能力，使拥有人生与社会阅历的老人的性别退居其次，亦使主要依靠这些能力的岗位对性别的要求成为无理。

会文化固然导致性别上的众多差异，但导致差异的还有临界点后的那片未知，它既属于男人，也属于女人。

但是，毕竟是由人所继承、创建的文化体系决定了人们所生活的时代的色彩。

第三章　神圣与不洁的一纸之隔

“神圣与不洁”是非常“缥缈”的一种认知与评判框架，但又如此地广为存在，特别是在讨论两性的角色差异时，无法绕开。正是这个有些不可捉摸的价值评判体系给形形色色的社会成员尤其是女性各归其位，在精神上打压或者扶持她们，而这些打压或扶持以体现“社会意志”的方式表现出来，维护的是正在运行的社会机制，实施者和承受者其实秉承的都是那个“社会意志”。[①] 整个过程没有明确的执行人，也没有专门的机构，但实施顺畅。

所以，在此无力分析究竟何谓神圣、何为不洁，只能尝试着去理解这个评判体系对社会成员，尤其是女性成员的期待与约

① 如果说国家意志有着清晰的目标描述和严密的实现步骤及组织机构的话，这里的社会意志就是一个松散得多的说法，在特定的空间与时间范围内，特定的人们群体会表现出某些一致的举动，看似不过偶然，但深层次上可以追究到某种同质性的东西。如本章将重点讨论的“蛊”，以及大众对娱乐新闻、高层政治内幕的喜好。类似的概念还有集体无意识、权力认知体系。此处“意志”，意在强调社会意志，虽然看似松散、杂乱，但也有某种强力性，如常用的句式“迫于舆论的压力……”。更常见的是“人言可畏”、“唾沫星子淹死人”、“戳脊梁骨”等，其实就指向人们公认而又不曾也无法清楚、全面地说明的社会意志，而某些社会意志似乎也不够光明磊落，如嫌贫爱富、打肿脸充胖子等。我们容易忽视的一点是，国家意志的确立和顺利贯彻与普遍的社会意志必须保持某些一致性。“一个能够长久存在的政府制度必须依靠一种被大众所承认的意识形态”（米塞斯著，聂薇、裴艳丽译：《人类行为的经济学分析》上，广东经济出版社，2010年，第166页）。在这个意义上，社会意志与“人心”可能有相通之处。

束，及其对社会机制运转的意义。从神圣到不洁，是社会对女性成员身份寓意的一种建构，是社会持续运转的需要。

一、社会紧张

今天我们评价过去那些物质极其匮乏的民族社会，会认为它们似乎在社会管理上缺乏值得我们关注的作为，那是因为我们按照今天的管理观念去那些社会中寻找对应的样态。其实，那些社会并不缺乏适应于自身社会的管理措施与方法，只是比较混杂罢了。如果说“社会是一个有机体”这一说法过于武断的话，那么，说社会具备有机体的某些特征还是有一定道理的。如果说今天我们的管理是有目的、有计划进行的，那么，这些物质匮乏的社会的管理更多的是依靠了社会的整体性特点。

本章所言社会紧张，指的是在传统社会中，由于某种在当时当地来看具有不可抗力的原因导致的社会整体性的恐惧心态和由此导致的混乱状况。社会紧张不是今天才有的现象，不过是古今引起紧张的原因略有差异罢了。在二三十年前，我们更为熟悉的近义词是“社会矛盾”，而且也主要是指由社会性不公正导致的，显然这才是一个过于武断、狭隘的判断。矛盾与冲突既可能来自群体之外，也可能是群体之内，不论内外，既有不可抗力的自然因素，也有积重难返的文化与制度的原因。社会矛盾只是造成社会紧张的部分原因，但自然原因也可以导致社会矛盾。历史上由于天灾导致社会冲突的记载不绝于书。

在现代社会，我们通常认为紧张是个体的一种精神应急状态，而作为个人的“紧张”这样一种现象，虽然也有复杂的社会背景因素，但我们一般从精神卫生的角度来加以研究，在复杂的背景下重点观察的是个体。

我们曾经熟知的“社会矛盾尖锐”应该是社会紧张的一种，主要是由制度因素导致的，如因为腐败、特权等导致的普遍的不信任；也可能是某个偶然因素，然后二者混合作用，加剧了社会分化，使一些尚未到临界点的社会紧张加剧，演变成剧烈的社会冲突。比如经常见于史书记载，因为旱涝原因，导致农民负担加重、无法生存而采取暴力抗争。2003 年的“非典”先是引发社会的高度紧张，之后促成各种机构普遍的应急机制的建立。因此，预防和缓解社会紧张是所有社会都必须具备的功能，但缓解的方式却多种多样。比如说宗教信仰、战争冲突、谈判、妥协、对症下药的措施等。即便是现代社会，有的缓解方式还是极大地依赖于社会的而非制度化的措施。比如说追星、微博上的舆情，以及给一些人贴上“富二代”、“星二代”、“官二代”这样的标签以暗示其行为必然不轨①，再比如说旅游。②

但还有一种我们忽视了的方式，即替罪羊现象（scapegoating），社会心理学对此的解释是：“在人们失意或不开心时，把敌对行为转移到他们不喜欢的、可见的并且力量相对较弱的群体上的倾向。”③ 但显然，这个解释针对的范围太小，在本书中，紧

---

① 在社会转型期，由于社会暂时失范，人们的行为因而缺少自我监督，不用说有权有势的人有特权心理，可以安然享受特权，就是一个普通的劳动者，在摄像头的死角，也在期待某些非道德甚至非法的便利，人们连对自己都无法相信，又怎能相信别人。这是现阶段社会紧张的普遍而典型的表现。

② 2011 年国庆节期间，各大旅游景点的游客爆满，各种分析很多，但人们生活压力过大，所谓的“被剥夺感”（高永久等：《社会转型期民族性群体事件的治理》，载《中央民族大学学报》2011 年第 6 期）强烈，但又无可奈何，人们唯有离开生活工作地去寻求短暂的“遗忘”，在一个完全不同的时空里，试图抛弃日常的烦恼与忧虑，生活也许能展现出新的希望。这是假期出游的强烈动机，在此动机的支配下，人们忽略了旅游的质量，而只求暂时离开。所以说，游客爆棚，也能从一个侧面反映社会紧张的程度。

③ ［美］埃利奥特·阿伦森著，郑日昌等译：《社会性动物》，北京：新华出版社，2001 年，第 465 页。

张是指整个社会的一种普遍的状态，这些“失意”与“不开心”要复杂得多。

“寻找较弱的群体”，表明弱肉强食是社会竞争的普遍规则，是真正的“寻找替罪羊”。但这个认知在最初却有不同。在很多民族较早期的认知结构中，能够代表一个群体领受上天的惩罚，是一种荣耀，需要特别的资格。在稷的种植区，即今天的河北、河南、山东、山西及关中一带，有祈雨的风俗，作为历代王朝的传统统治中心区，在久旱不雨时，王者要表示对旱灾负有责任。“王者为什么要独自对灾害负责呢？原来是出于古老的‘神王’观念。王者之区别于常人，就在于他是天神在人间的代理人，独自享有神性，也要独自承担起整个社会福祉和安危的责任。这就是神话中‘天子’这个概念的全部底蕴”①。由这个观念发展而来的是在社会动荡和长期战争时，皇帝发布罪己诏，对天灾人祸中出现的混乱与损失承担责任。

弗雷泽在《金枝》“王位的重负”一章里，也论述了这个在古代世界各地都很普遍的认知：“如果他们的王是他们的神，他也是或也应该是他们的保护者；如果他不保护他们，他就必须让位给肯于保护他们的人。只要他能满足人们的期望，人们对他的关注是无穷的，并且也迫使他这样保重自己。这样的国王生活在礼仪的包围之中。整套的禁忌戒律，意图并不在于增添国王的尊严，更非加多其享乐，而是约束其行为，不让他扰乱自然的和谐而招致他本人以及他的臣民和整个宇内遭受共同的灾难。”②

为本氏族的利益去作战，也是一种荣耀，所以，历史上彝族的战士必须出身高贵，奴隶是不能代表群体利益而战的。这也与

---

① 叶舒宪：《文学人类学》，北京：中国社会科学出版社，2010年，第283页。

② 弗雷泽著，徐育新等译：《金枝》（上），北京：中国民间文艺出版社，1987年，第258—259页。

其严密封闭的等级制相关，战死牺牲的荣耀归于贵族。由此我们也才能明白为什么代表武德的剑道充满了贵族气息。

在西南各民族传统社会中，主要是一些自然灾难，如气象和地质灾害、生老病死、对未知世界的敬畏或恐惧等，导致社会紧张的出现。但这些细究起来只是诱因，它们与当时人们普遍的万物有灵观念相结合，形成了影响社会运转的力量。万物有灵观念是后世学者的总结，拥有此观念的人们群体由此形成支配自己行为的权力认知体系，会不约而同地过滤掉与万物有灵相悖的思想与行为。万物有灵观念是神权社会的思想基础。

随着社会从神权社会走向世俗社会，王者从上天在人世的代表转变为“溥天之下，莫非王土，率土之滨，莫非王臣”的世俗王者，人们更为看重现世的利益，但对王者依然保留了神权时代的诚惶诚恐与神秘感。保留这些光晕，亦是维持世俗社会统治的需要，而那种为人们遭受的灾难充当责任人的做法则空壳化，即王者作为在上天面前的大众代言人身份，颁布的是一个无可无不可的罪己诏。高贵的“责任人”逐渐被卑微的“替罪羊”取代。如我们都非常熟悉的河伯娶妇的故事。

我们今天可以判断说，指认替罪羊是一种冠冕堂皇的为了大多数而牺牲少数人的做法。在并不遥远的集体主义时代，没有人能够抗拒被指认为替罪羊的命运。随着社会阶层的分化，越来越没有人敢于指出那些当权的人其实是打着为了大多数人的旗号，借寻找替罪羊以排斥异己。

巫蛊习俗本身是一个深奥的研究对象，所以，本书对它的内在本质不予讨论，而仅从社会控制的角度，来探讨以万物有灵论为认知基础的巫蛊的社会功能。主要从社会紧张及缓释的角度，关注其缓释方式的选择，即充当替罪羊的性别差异。

需要强调的是，引起社会紧张的原因因时代而不同，其状态也会有一定差异，抒解的方式也可能是五花八门的，但替罪羊现象是一种普遍的方式。比如过去有的民族认为女性不洁而不许触摸宗教物品；比如蛊；比如今天随意臧否一些社会性事件中的当事人等。

二、社会控制与巫蛊习俗

巫术是一个世界性的现象，巫术的存在必须以多灵信仰为前提，但有的巫术在施行的过程中，也借助了药剂的作用。在宗教研究者看来，巫术又分黑巫术和白巫术，前者施法伤害别人而使己得益，后者是为己祈福，并不害人。中国西南少数民族中巫蛊习俗较为普遍，如傣族有“琵琶鬼”之说，苗族有“草鬼婆”之说，傈僳族、怒族、纳西族等也都有此习俗。此外，中南部的土家族、黎族也深为信仰。邓启耀先生的《中国巫蛊考察》对这些现象已有深入的调查和分析。放蛊可以说是一种黑巫术，但问题是，“所有关于蛊的传说，都是由无蛊人建构出来的，养蛊人被‘定义’、‘扣帽’与诠释之余，却没有自我发声的空间，即使发声，也没有人愿意聆听”①。养蛊人发声是近年来的事，在漫长的过去，他们基本上都是采取一种默认的态度。所以，养蛊人是如何施行蛊术的，就一直不为外人所知。

我们发现，放蛊现象存在的地方，通常是社会相对封闭的地区，险峻的山川地貌阻隔了人们与外界的交往，而这些地方奇峻的地貌同时又诱发了人们对大自然惑人魂魄的鬼斧神工的敬畏。“在过去，在世界任何地区，人类生活样式最重要的形成要素，究属巫术与宗教的力量，以及基于对这些力量的信仰而来的伦理

---

① 周华山：《无父无夫的国度?》，北京：光明日报出版社，2001年，第243页。

义务观念。”[①] “巫术与宗教的力量”支配的结果，实际上就表现为物我界限的不清楚，奇特、美妙的自然景观会给人们极大的心理暗示，并形成一种震慑力。比如，盯着幽深的山间深潭，人会有一种怕被吸进去的恐惧；山坡上春花烂漫，百鸟婉转，天堂亦不过如此。不死何为，死被理解为是生命存在的另一种形式。纳西族的“玉龙第三国”就被描绘为这样的天堂，殉情的男女可以在这样的天堂里永远相守。湘西有“落洞女”之说，美丽的姑娘如果出现神情痴迷、萎靡不振的样子，人们就会认为她在经过幽深的沟谷洞壑时，被洞神吸走了魂灵，做了洞神的配偶，于是凡间的生命也就逐渐委顿了。[②] 触景生情、情景交融乃是人类的普遍能力。楚人被认为好巫，就与楚地的地貌、气候有直接的关系。正如苏轼《前赤壁赋》中所言：“白露横江，水光接天，纵一苇之所如，凌万顷之茫然。浩浩乎如冯虚御风，而不知其所止；飘飘乎如遗世独立，羽化而登仙。”

中国西南地区的少数民族社会，相比中原地区而言，较少受到战争的影响，其社会紧张产生的另一个重要原因，也许就是疾病。潮湿、炎热的环境容易滋生各种传染病；同时，也由于当时当地各种条件的制约，一些在我们今天看来是很普通的常见病也使人们因不能控制它们而倍感恐惧。在各个民族的传统习俗中，都有驱邪避灾的内容，大概可以分为三类：一是制作一种可以吸附邪祟的木版，上画鬼怪模样，经过巫师作法后，人们认为邪祟已被固定在木板上，然后，将木板在村外焚烧、掩埋。纳西族就有这样的习俗 。二是“扫寨”，由巫师作法，届时有响器助威，用火把烧燎，在房前屋后撒上灶灰，把藏匿在寨子里的恶鬼驱逐

---

① ［德］韦伯著，康乐、简惠美译：《新教伦理与资本主义精神》前言，载《韦伯作品集》（Ⅶ），桂林：广西师范大学出版社，2007 年，第 13 页。

② 陆群：《湘西落洞》，北京：民族出版社，2006 年。

出去，这样寨子就会清洁平安，居民就不会生病。西南很多山寨都有这样的习俗。所以，扫寨实际上就是扫邪祟。三是把邪祟作乱归罪于一个具体的人身上，认为这个人养毒虫取毒害人，甚至是意念害人，于是对这个人加以处罚。西南地区很多民族都有这样的说法。傣族过去有"琵琶鬼"意念害人一说，被认定的"琵琶鬼"，重则被烧死，轻的也要被驱逐出寨子，被逐的"琵琶鬼"集中居住后形成"鬼寨"，正常人是不与他们接触的。在西南其他民族中，苗族叫"草鬼婆"，土家族称为"蛊婆"，黎族有"禁母"。他们虽未被赶出寨子，但在寨子中被认为是"不可接触者"。谁家有人生病，人们就会归罪于这些不可接触者。有此一信仰习俗的人们通常还认为养蛊者在蛊毒发作时，必须找对象释放，否则会伤及自身。

这种"寻找替罪羊"的方式还可以分类：蛊为一类，身处这一文化背景下的人们皆认为"放蛊人"养毒虫害人；还有一类就是类似于傣族的"琵琶鬼"，没有借助工具或者药剂，但被认为身携邪祟，在此类现象中，更为普遍的是对女性的特殊禁忌，如在宗教活动和神圣场所供奉祖先灵位处，女性必须遵守各种禁忌，对初潮少女及经期妇女也有禁忌，当时当地，她们是不祥、不洁的；再一类就是用流言隔离、疏远某个人，以修正某种对群体"有害"的观念。比如对那些行为有悖于传统规则的人、"想入非非"者、貌美善感而举止异常者[①]，通常会出现以流言"围剿"的局面，社会以这样一种方式避免任何会触怒神明的轻举妄动。这些体现特定社会意志的规则对个体来说，有着排山倒海的

① 关于这一类所谓的精神病患者，我们的研究还十分欠缺。个体本身有若干具体差异，对社会文化的适应水平也千差万别，社会文化体系本身还有差异与疏漏，所以，"精神健全和精神错乱之间的界限是非常模糊的"（米塞斯著，聂薇、裴艳丽译：《人类行为的经济学分析》，上，广东经济出版社，2010年，第163页），但传统社会的集体主义存在模式在接受异己事物方面天然有欠缺。

无法抗拒的力量，当事人从内心顺从这股力量，这种由内而外的“强制性”不是今天任何一种宣传说教的效果甚至法律制裁的威慑能相比的。

从一般的逻辑上看，祸事的源头找到了，人们就可采取措施处理它，对祸事本身的恐惧也会减弱，社会将因此而归于平静。而被认为是“罪源”的人通常并不辩解，他们对这些在今天的我们看来完全是“无稽的”指认表现出一副完全承认的样子，从此自觉不与其他正常人家往来。我们可以发现，指认者与被指认者由于在同一个文化背景下，他们之间存在着一种吉登斯所谓的“默认”关系：“其他所有的约束，无论多么沉重和深远，都必须以那些受制于它们的人的某种默认为前提……权力关系通常是以极为深入的方式，植根于被那些遵循它们的人视为理所当然的行为模式之中，尤其是根植于例行化行为之中，而在这种情况下，并没有什么明确的动机激发行动者的行为。”① 所以，那些简单地认定“寻找替罪羊”是一种害人行为的判断，是过于武断了，但也确实是一种容易被别有用心者利用的手段。

在此有几个词必须加以关注：一是“权力关系”，这不是由谁来设置的，而是社会在与环境的磨合与适应性运转中形成的“有用的”知识观念体系：在所面对的环境中，以“我们”目前的水平，这个知识观念体系可以保障“我们”稳定持续地存在。② 所谓的权力关系就是社会在当时通行的有效认知体系。对此，福柯关于科学知识的政治学分析会给我们一些帮助，他认为不应该把权力本质的研究指向宏观的国家统治权，知识真理在社会中具

---

① ［英］安东尼·吉登斯著，李康等译，王铭铭校：《社会的构成》，北京：生活·读书·新知三联书店，1998 年，第 279 页。

② 这种知识观念甚至可以只是一种“有用”的方法，比如各种教学方法，各种身体训练程式，甚至幼儿园的纪律。只要是能对人产生约束性，权力即得以发挥。

有巨大的权威。[①] 也就是说，权力机构在运作时，是以一定的“知识真理”为前提的。此处的“知识真理”实际上指的是对该社会成员思想有支配力的认知体系，这是统治权的合法性所在。而所谓的知识真理，就是由各种“知识分子”对各种社会表象、集体无意识总结归纳后建立的认知与把握社会的方法体系。当然，权力认知体系在体现国家意志的各种机构的支撑下，对支配大众的社会意志是可以进行改造的。此即所谓的“引导民众”。[②] 对于特定的群体而言，叫做“思想改造”。

再就是“受制于它们的人”、“行动者”，这两个词组既包括被指认者，也包括指认者。过去我们通常认为指认者是恶毒的、心怀叵测的人，实际上他们与被指认者一样都是这个“权力关系”中的合作者，因为他们都一致认为“有人生病是邪祟作乱，而邪祟寄生在某人的身上”。就好比说，我们认为一心扑在工作上而忘了照顾家庭的人是一个有品德的人，这是因为我们都认为家庭对一个人来说是至关重要的，但公而忘私则是更为难得的品质，单位表彰、人们敬佩这样的员工就成为宣扬这个价值体系的合作性行为，家人也因此而得到某种精神补偿。正因为这样一种关系的存在，巫蛊通常只能在赖以生成的环境中发生作用。我童年生活在滇西北，常见雨后的彩虹美丽壮观，但被告知千万不能用手指点，否则手指会弯曲、疼痛。我们真的无人“犯规”。雍正皇帝继位之所以成为一个悬案，也正是因为正方和反方都认为继位者的合法性只能来自前一位皇帝的遗诏，继位者的能力如何

---

① 吕振禾、吴彤：《福柯的微观权力观——一种科学知识的政治学分析》，载《中央民族大学学报》（哲学社会科学版），2007年第2期。

② 在某种意义上，今天的权力认知体系是对传统的权力认知体系的一种解构。至少“知识分子”不再盲目多情地自认为有资格引导大众。但不论是自甘平凡还是被迫平凡，知识分子社会责任意识淡化的结果是复杂的，在走向人人平等的同时，知识分子也自然而然地沦落成“知道分子”。

则是一个不需要考虑的问题，势不两立的正方和反方其实坚持的是同一个原则。

权力认知体系会给身处其间的人一种内外相加的有力的行为约束，尽管人们会有各种纷争，但却会不约而同地维护这一认知体系。无蛊者与“有蛊者”维护的都是他们社会中的“权力认知体系”，他们的社会赖以存在的思想基础就是以万物有灵论为核心的权力认知体系。

巫蛊文化在西南各民族中存在各种各样的表现方式，但本质上却是相似的，或者至少从社会控制的角度看是相似的，那就是缓解人们对未知和灾难的恐惧，释放因此而产生的社会紧张，维持社会的稳定运转。

当然，这只是从功能论的角度来理解巫蛊这个文化事象，如果是从精神生活的角度，巫蛊无疑给那个时代的人们的生活涂抹上了特殊的色彩，它之于他们的重要性，也许胜过今天无线互联网对我们的重要性。

三、巫蛊习俗的演变

巫蛊在产生之初，可以消除人们的紧张恐惧心理，维持社会的稳定运转，但随着社会的发展，它也会有相应的变化。其可能的几个方向是：渐趋弱化或消失；与权力结合；继续存在；变异。

我们说西南少数民族有巫蛊文化，但目前西南少数民族中相当一部分已经没有这样的信仰习俗，而主要存在于大山深处，与外界相对隔绝的山寨里。

在多种民族文化交汇的区域，尤其是在汉文化影响较为明显的区域，巫蛊习俗实际上很难大范围生存。根本原因就在于前文所说的，它失去了生效的同一认知背景。傣族有完备的佛教文化，但还有“琵琶鬼”现象，这与他们的生存环境及多灵信仰传统有关，处于类似自然环境中的布朗族、景颇族、德昂族也在信仰佛教的同时，保留了多灵信仰习俗。实际上，佛教教理讲的是一种宏观的面对宇宙人生的态度，而多灵信仰抒解的则是人们面对的各种具体的灾难与恐惧。因此，随着社会物质的丰富与技术的进步，这些灾难与恐惧逐渐会被消除，相应的信仰习俗也会渐渐消失。但是，人们心性中的这种情感需求却不会消失，必会开辟另外的渠道。

从社会控制及社会心理学的角度看，蛊是一种典型的“替罪羊”现象。这样的习俗在客观上对当地社会虽然有一定的稳定作用，但却是通过对极少数人利益的损害而达到对多数人利益的保全，不是一个文明现代的社会应该有的现象，甚至在一些具备了基本的自然科学知识的社会，也已经不存在。所以，在一个多灵信仰尚有保留，但社会性不公正正在滋生的社会中，巫蛊也容易和当权者的利益相结合，成为压迫人的工具。

这一特点在傣族社会的“琵琶鬼”的指认上表现尤为明显，指认本身成为一个横行霸道、打击异己、嫉贤妒能的行为①，一旦被指认，终生并世代为“鬼”，又因被驱逐出正常的村寨，所以只能居住在“鬼寨”。这也与傣族社会的基本状况相吻合。直到20世纪50年代，西双版纳傣族社会还以世袭等级制为基本的社会管理体制，社会成员的身份等级是代代相沿的，一个已经被认为是“不可接触的人”，自然沦落为社会的最底层并世代不得翻身。当时的傣族社会有约占农民总户数39%的“滚很召”（农奴）给领主提供非农业性的专业劳动，他们的来源复杂，身份低

① 赵桅：《“琵琶鬼”与他者想象——以西双版纳傣族为例》，中央民族大学民族学与社会学学院硕士研究生毕业论文，2008年。

下，其中就包括“琵琶鬼”。[1]他们以村寨为单位居住，一个村寨提供一类服务，如负责养象、专管修路等，多达108种。历史上西双版纳曾实行大土地所有制，领主是最大的土地所有者，生活在这片土地上的每一个人都要向领主购买一切。所以，“琵琶鬼”被赶出原来的寨子后，并无权自生自灭，因为不仅是生活所需，就是最后的“盖脸土”都必须向领主出负担来购买。

一篇硕士毕业论文介绍了权力借助巫蛊习俗横行霸道的多个例子[2]，指认者的无耻显而易见，可被指认者的默认也让人叹息。这已经是20世纪中期边疆地区民主改革的时期，新的价值观已经逐渐在向这里渗透。

巫蛊在偏僻的山寨继续存在。除前文提到的邓启耀的《中国巫蛊调查》外，周华山的《无父无夫的国度?》就有大量的篇幅谈到摩梭人的巫蛊习俗；湘西的陆群也对当地民族的巫蛊做了详细的调查，写成《民间思想的村落》、《湘西巫蛊》。各种人文社会科学期刊也不时登载探讨这一现象的论文。这些论著基本上探讨的是巫蛊生成的原因及其内在逻辑。

不论巫蛊在不同的民族中，或者是在不同的人群中有什么表征上的差异，有一些共同点决定了它们在社会控制上的功能是一致的：(1) 多灵是巫蛊现象的认识论基础。(2) 巫蛊现象基本上源于对疾病的恐惧，这些恐惧如此常见和强大，以致造成社会紧张，需要用社会的手段加以解决。(3) 保持了巫蛊习俗的人们也知道这样一种现象（学界称为“黑巫术”）不能随意对外人言说，所以，他们忌讳谈论巫蛊，但与此同时，人人对此心知肚明。

---

① 云南民族研究所：《西双版纳傣族的历史与文化》，昆明：云南民族出版社，1992年，第9—10页。

② 赵桅：《“琵琶鬼”与他者想象——以西双版纳傣族为例》，中央民族大学民族学与社会学学院硕士研究生毕业论文，2008年。

20世纪中期以来，新的权力认知体系在西南民族地区逐渐确立，巫蛊现象也因此而发生了一些变异，其缓解社会紧张的功能在消失，但由于人类对自身生命现象知之不多，巫蛊现象仍然有其存在的空间。邓启耀在《中国巫蛊调查》中就提到许多发生在20世纪90年代的例子。总的说来，巫蛊的消极作用日益明显，其演变的轨迹体现出一种深刻的来自自身的矛盾性：巫蛊原本用来消除人们对未知与疾病的恐慌，但由于其与生俱来的神秘性，也由于人类对自身的所知有限，时至今日巫蛊本身反倒给一些人们的心中带来极大的恐惧，在一些特定的地方，人们对那些长久以来危害当地的流行疾病已经有了一定的了解和控制，反倒是对神秘莫测的巫蛊深为恐惧，由此又造成另一种社会紧张。

归根结底，也许是因为相对于已知来说，未知才是浩瀚无边的黑暗，人的天性就是要对这些未知进行一次又一次的解释，结果是次要的，行动才是安慰。恐惧是对未知的第一反应，然后才有探求。

虽然我们都知道要在具体的时空情境中才能更为准确地理解事物，但我们总是不自觉地用今天的尺度去衡量往昔的事实，这些事实里有那么多的丑陋、邪恶，但也有很多的天真与无奈，它们混杂在一起，经常把我们搅得南北颠倒、东西莫辨，世事就如此一团乱麻地延伸下来。

四、巫蛊习俗中的女性

如果留意一下关于巫蛊习俗的各种调查资料，我们可以发现，被指认为巫蛊的多半是女性，而男性则主要作为该女性的亲属而受到歧视。苗族认为蛊只能依附在女性身上，养蛊者也只能将蛊传给自己的女性后代。黎族有“禁母”，母亲是禁母，女儿自然就是，道公（接受了道教文化的男性巫师）有权作法来指认谁是禁母。“被指为禁母的人，一般多是清贫的家庭妇女或是没有丈夫的寡妇”①。在很多关于巫蛊的调查材料中，也都提到了被指认者一般都是女性。而与此相对应的是，能够解除女性有蛊者所施“毒素”的人，往往就是以正面形象存在的男性“白巫术”实施者。

对上述现象，我们通常都会得出一个结论，它是这些社会两性斗争的一种表现，是获得成功的男性对女性的歧视与打压。“在苗族等南方少数民族中，在母权制被父权制取代过程中形成的文化上的性别对立比依存要强烈得多，这种对立表现在巫术信仰中，就是占据正统地位的男性巫师成了维护社会秩序的一方，而在母系社会曾经居统治地位的女巫则成了秩序的破坏者，被诬为黑巫术的传承者”。②

就像指认巫蛊害人者一事容易被掌权者利用一样，把巫蛊害人者中女性居多现象解释成两性斗争的表征，也是后世男权社会对这一事象的利用。就像我们所熟知的表达：披着……的外衣。在社会分层本来较为模糊的西南民族社会中，两性分层也不明显，指认替罪羊的行为不应该特别指向女性。更何况在一些民族中，女性还被特别地重视。但随着社会的分化，男权上升，虽然西南很多民族的女性按习俗拥有家庭事务的实际掌控权，但名义上或形式上的权力仍然归于男性。在观念思维领域中，女性难逃被贬低的处境。一个关于当代华北农村妇女家庭生活模式的调查报告对此有相当生动的分析。③ 女性通过日常家务劳作和事务的

---

① 张太教：《人类学视野下的黎族女巫问题》，载《海南大学学报》（人文社会科学版），2007 年第 2 期。

② 叶谭：《遭诬的“蛊妇”》，载《民间文化》，1999 年第 3 期。

③ 李霞：《娘家与婆家——华北农村妇女的生活空间与后台权力》，北京：社会科学文献出版社，2010 年。

打理，在实际的家庭生活安排中承担着决策者的角色，但在家族祭祀仪式上的权力仍归于男性，户主亦是男性。我们需要注意到的是，今天不论乡村家庭内的女人多么决断，她的权力往往就局限于家庭内，凡与外界打交道，亦即进入到社会公共空间，那就是男性的天下。男性有相对广阔的社会空间可以寻求发展，东部汉族地区的男性传统上主要是通过家庭外部的社会力量来实现对女性的支配性权力。而从这个角度对西南民族两性角色进行观察，可以发现西南民族地区的社会公共空间发育有限，男性很难由此拥有支持性权力背景而从家庭以外形成对女性的支配性权力。也就是说，相对而言，西南各民族男性在家庭以外的发展空间较为狭小。但这不等于说当地没有对两性的差别认知，这从宗教禁忌中可以得到清楚证明。应该说，在日常生活情形中，女性虽不至于在家庭内部形成对男性的支配性地位，但男性也缺乏外部力量对女性形成权力制约，更多的性别分层情形只是一种观念形式上的，在实际生活中则是一种责任担当与谦和礼让。而一些令人扼腕的习俗，如对经期及生育妇女的禁忌，在被识别为性别压迫现象时，实际上与技术、物质的匮乏有更直接的关系。

有蛊者与无蛊者处于同一个权力认知体系内，两者之间是一种隐秘的“合作”关系，社会的自组织功能通过这样一种机制缓解社会对疾病等未知领域形成的恐惧与紧张。由于这一机制是以损害少数人的利益而保护大多数人的利益为出发点的，很容易被有权力的人冠冕堂皇地加以利用。而拥有公共权力的人多半是男性。这样，蛊亦成为性别压迫的一种工具。

在此需要细说分明的是：母系社会不是母权社会[①]，因为权力是一种社会机制，其基础是社会力量，但母系社会的基石是女

① 或者说，母权不同于父权，母权来自家庭内部，以生育力为基础，父权来自外部，以社会公共空间为孕育土壤。

性的生育力量，这是一种自然力，虽然对它的崇拜绵延至今，但生育行为因其只发生在家庭内部而难以由此获得超越家庭的力量。既然没有母权，在母系社会被男权社会取代后，从理论上讲并不存在需要打压的女权。之所以人们会有数千年女性一直受到男性打压这样的判断，实际上是社会分层的一个必然后果——优势者一定会挤占弱势者的利益份额，过去是有意挤占，今天这样的挤占则趋于隐蔽。[①] 这种挤占表现在两性间，我们就名之以“性别分层”，但性别分层是从属于社会分层的。

由于男性的权力源自家庭以外的社会，借助了社会文化的力量，相较于只局限在家庭中的女性力量，自然优势明显。而优势的男性在弱势的女性面前的那种优越心态就以性别分层表现出来。让优势者以平等的心态对待处于弱势的群体，这是工业化时代的文明追求，在传统的农业时代，只表现为“礼贤下士”、“平易近人”，夫妻间则是相敬如宾，这不是平等，而是以高就下，“猥自枉屈”。

两性矛盾甚至冲突，除了确实有性别分层这个社会因素外，还受到人类交往普遍规则的制约。两性不能很好地相互理解，难道两个男人或两个女人就能完全地相互理解吗？永远都会有某种隔膜，这种隔膜与性别无关。人类行为有不确定性，或者说是非理性因素，“物体解析到其构成要素（时），迟早会不可避免地达到临界点，此时，解析就无法进行下去了……使人类达到这一点（临界点）的科学方法是理性的，不过（临界点之后的）终极事物

① 比如，拥有优势地位的人能够给自己的子女提供更好的学习条件，这些孩子在竞争中自然就更有竞争力，在工作中也将会拥有更有利地位，弱势者的机会就此被剥夺。但在整个竞争过程中，却表现为一种“无可挑剔”的优胜劣汰的公平竞争状态。把100元钱变成150元钱，辛苦而又琐碎，但把一千万变成一千五百万，也许就在一念之间。社会异化的存在就是这样的匪夷所思却又实实在在，社会分层是一种制度化的不平等，高阶层的人显然拥有更为广阔的属于自己的时空。所以，相较于性别分层，社会分层是一个更为深刻的现象。

则可称作不理性的事实”[①]。所以，孤独是人的本质属性之一。

两性社会地位的高低也不是一开始就有的，而是随着社会分工及分层的发展而逐渐拉开的。所以，对于女巫与男道公的象征性解释是后来人对早期社会历史事实的一种“今为古用”的理解，但因为这样的理解符合评论人所处的社会价值体系，所以此一认知广被认同。[②] 但下面这样的认知无论如何是过于天真幼稚了：“在那个时候，妇女显然并不因生育影响她们的其他工作，因为没有人限制她们必须在家庭中，妇女可以把一切工作做得井井有条，整个社会和谐发展，男女幸福快乐地生活。”[③]

要说性别压迫，中国封建时代有制度化的“三从四德”作为规范女性言行的章程，阐述的是男性对女性的支配性地位。而西南少数民族在这方面则付阙如，但是在宗教信仰领域，他们却普遍存在着对女性的防范，处处害怕女性冲撞了神灵。这样的认知阐述的是女性与神灵间的关系，而不是对两性角色与位置关系的直接描述。所以，我们也不能由此来判断西南少数民族的这些信仰习俗规定的是两性角色关系中男尊女卑的性质。[④] 也许我们可以阐述为是“男尊女卑”的前阶段。“女性或者说女神崇拜是人类较早的文化现象，早于对男性祖先的崇拜，其历史和社会的根源是人类对女性生殖力的崇拜。所以，在农业祭祀为最重要的祭

---

① 米塞斯著，聂薇、裴艳丽译：《人类行为的经济学分析》（上），广东经济出版社，2010年，第11页。

② 人们一旦在两性角色的评判上有了冲突，就站在女性一方；一旦老板与打工者有了冲突，就站在打工者一方，这么做其实标榜的是一种廉价的正义。政府机构的施政目标是公正，扶持弱者更适合由NGO承担。

③ 张红萍：《生育对女性生活的影响及改变路径》，载《社会科学论坛》，2007年第11期。

④ 但这往往是容易被利用的事象。在一种“无我”——天下为公的状态中形成的信仰习俗，到一个私心用度的时空，往往成为损人利己的工具，如信赖、真诚等。只有通过社会分工，才能形成一种超越群体、地域甚至血缘的普遍信任。

祀活动的时代，所有的求雨巫术仪式都必须有女性参加。这也从另外一个侧面反映出女性在当时社会中具有重要的社会地位。”① 但随着社会分工的发展，女性的地位逐渐下降，完成了一个从神圣到“不洁”的象征变迁过程。

在必须依靠早育、多育来使人类社会与自然世界相呼应的时代，女性的生育能力在给女性带来“神圣”、“荣耀”的同时，还伴随着远远多于男性的身体上的痛苦，人类只好把生育这件事交给上天来掌握，自己听天由命。但所有的女性都必须一遍遍地在生育这条刀刃上滚过。这就有如公路上的事故多发段，绕不过去，却又实在让人恐惧，于是人们就会对这段路有一种恐惧与忌讳。生育是人类社会与身外的世界相呼应的方式，是人生命过程中一件最为激动人心的事，但在我们所知的男权社会中，唯有生育是男性难以掌控的领域，甚至在今天，报端屡屡披露的是某位丈夫十余年后才发现所抚养的不是自己的亲生孩子，有的丈夫因为妻子私自避孕甚至人工流产而讨要生育权。最近对婚姻法的解释明确了妻子有权自行决定是否终止妊娠。② 法律从另一方面确认了生育对女性个体的重大意义，因而保护女性对生育的完全处置权。这样一种高与低的反差，势必要影响人们对两性角色模式的解释。

因为生育力，女性似乎与神明世界有一种秘密的沟通，但也正因为生育的多风险，女性成为危险的象征，与神明的交往自然就应该受到约束。

---

① 王艳丽:《古代求雨仪式的女性主义思考》，载《长春大学学报》，2007 年第 5 期。

② 最高人民法院关于适用《中华人民共和国婚姻法》若干问题的解释（三）（2011 年 7 月 4 日最高人民法院审判委员会第 1525 次会议通过）第九条：夫以妻擅自中止妊娠侵犯其生育权为由请求损害赔偿的，人民法院不予支持；夫妻双方因是否生育发生纠纷，致使感情确已破裂，一方请求离婚的，人民法院经调解无效，应依照婚姻法第三十二条第三款第（五）项的规定处理。

弗雷泽所著《金枝》的第55章“转嫁灾祸”、第56章“公众驱邪”、第57章“公众的替罪羊”，描写的都是邪祟对人们的侵害以及人们如何驱赶、转移邪祟，也专门分析了替罪者。弗雷泽认为，最初的替罪者既可能是动物，也可能是植物；身份的高低贵贱也不受任何限定；如何才能替罪，方式也不一样，有看上去相对温和的，也有看上去非常残酷的。[①] 这一认知发展到后来，替罪者的身份变得很重要，因为随着政权的建立，成员被分为不同的等级，上天如果降罪，不是随便什么人都能够替罪的，这正如今天我们所说的“负不起这份责任”，所以必须是这个群体身份最高的人才有资格替罪。最初，这个人作为最高规格的祭品被奉献以息天怒[②]，但后来，就日益演变为仪式性行为，最后写一份检讨书——罪己诏了事。

巫蛊产生的机理并不与社会等级的划分直接相关，根本目的是为了消除疾病对人们所造成的恐惧与伤害，各种不平等也不是人类社会一开始就有的，它们的出现远远晚于疾病的出现。但随着社会不平等制度的复杂化，它们结合在一起，并成为捍卫不断明晰化的两性社会地位差异的工具。

“生育的角色或许是无法改变的，但可改变的是人们的观念，是那种本来不公正的价值认定，是灌输到人们头脑里的那种女性比男性低劣的观念。那种将女性的生育轻描淡写，把妇女的家务劳动不作计酬的观念已经到了不得不改变的时代。”[③]

---

① J. G. 弗雷泽著，徐育新等译：《金枝》（下），北京：中国民间文艺出版社，1987年，第771—821页。

② J. G. 弗雷泽著，徐育新等译：《金枝》（下），北京：中国民间文艺出版社，1987年，第58章“古罗马希腊的替罪人”，第59章“墨西哥的杀神风俗”；弗雷泽分析了欧洲拉丁语国家狂欢节的某些可能的渊源。

③ 张红萍：《生育对女性生活的影响及改变路径》，载《社会科学论坛》，2007年第11期。

第四章　口传文学与两性角色差异

先有“雌雄”，后有男女，人类文化使自然自在的雄性成为男性，使同样自然自在的雌性成为女性，两性不同角色的最早界定可以在民族起源神话中寻觅到种种踪迹。在形成时间较为晚近的各种民间故事中，有更为生动的表现。口传文学树立起两性角色的模本。以下仅以西南地区民族的口传文学为例，尝试探讨在想象领域对两性社会角色的一般性认知。

一、从雌性到母亲再到女人

关于人们群体起源神话，最为著名的是“天命玄鸟，降而生商”，其次是履巨人迹繁衍出周族：“时维姜嫄……履帝武敏歆……载生载育，时维后稷。”满族有仙女佛库伦在天池沐浴，因吞食红果而诞育满洲始祖的传说。学者们一直将此类神话解释为早期人类只知有母而不知有父的反映，但这一认知的当然结果就是推崇了母亲的地位，“父亲”在此类神话中了无踪迹。

感应生子神话在很多民族中普遍存在。[①]综观西南地区民族起源神话，最有名的感生神话即“九龙（九隆）神话”：一妇人因触碰顺江而下的沉木而怀孕，产下10个儿子，后沉木化为龙并

① 王宪昭：《中国民族神话母题研究·中国民族神话人类起源与族源母题统计样表》，北京：民族出版社，2006年，第5页。

腾出水面，九子惊走，只有最小的儿子背龙而坐，龙爱而舐之。“背坐”在当地语言中发音如“九隆”，故名幼子“九隆”，九隆后来被乌蛮各族及白蛮奉为始祖。[①] 这则神话包含的信息相当多：感应生子、龙崇拜、父系血统、父权与夫权、模糊的婚姻关系、两性的地位差异、社会权威等。相比于其他感生神话，母亲从一个生动的人物形象变成一个模糊的存在，而父亲的力量强大无敌。显然这是一个在复杂社会中创作出来的神话，但借用了早期神话的诸多因子。我们也可以由此理解所有历史上关于开国皇帝出生时奇异情景的由来，如刘邦母亲梦见有龙伏在身上，有的帝王出生时红光照耀四周，或雷声震天等。只是这些翻版故事都发生在一个正常的婚姻家庭里，如果是发生在未婚少女身上，生下的多是妖孽。这类关于出生异象的故事通常为了把帝王的出生与将来他的作为与身份相呼应，臆想出如此非凡的诞生情景，在与古老的神话一脉相承的同时，又与儒家一贯珍视的父系血统的纯洁相悖。所以，后来的史家再给帝王写传时，就只写他们生下后禀赋超群、天资过人，不再涉及也许高贵但却会产生混乱的血统了。[②]

除此类感生神话外，还有很多暗喻女性子宫的情节。如彝族史诗《勒俄特依·血缘史》第一句为“天上掉下桐树来”，其对“桐树”的注释：传说彝族妇女有两个魂，一个管生命，一个管生育，管生育的魂的名称与桐树读音相似，故译为“桐树”，这

① 陈永龄：《民族词典》，上海辞书出版社，1987 年，第 13 页。

② 这个现象后来发展成为一种礼貌。当我们给人盖棺定论时，用的是一种肯定甚至赞美的语气，包括普遍存在于各民族中的哭丧调，唱的也一定是逝去的长辈亲人的辛劳与慈爱，身为子女的不能体贴及歉疚。而在为一些大人物写传记时，对他年幼时的种种超拔表现皆要尽诸笔墨，即使是淘气使坏也与众不同，为尊者讳的规则延续至今，行文风格也是毕恭毕敬。

里意味着生命的降临。① 但彝族为什么认为女人应该有两个魂灵而男人有一个魂就够了呢？是想说明女性思维混乱以致有双重人格，男人则刚强、坚定、目标明确，还是说明女性因为在生育过程中需冒极大风险，而要有两个魂来掌管女人的一生？显然后一种解释更符合这则故事的本意，但正是因为女性在繁重的生育劳动中投入了远多于男性的精力，这一分工现象往往被社会分层的机制所利用，即女性在生育中所冒的风险会被当作某种象征，经过层层折射后成为女性没有主见的判断依据。事实上，直到20世纪初，西方的政治选举中妇女仍没有选举权，而在古希腊的社会里，人们普遍认为女人、孩子、奴隶都没有独立思考的能力，不是完全意义上的人。

瑶族的《密洛陀》讲述了密洛陀创造天地和人类的经过：造人时出现了象征子宫的箱子，而密洛陀是一个女性的形象，因为她有奶水。西南各族的神话传说中作为子宫象征的还有葫芦、瓜、木鼓、空心竹、石室、山洞等。而种种子宫象征物及对这些象征物的膜拜，说明人们认为在生育过程中女性的作用才是根本的。

有一则关于竹王的神话：一妇人在江边浣衣，顺水漂来一节竹子，一直到妇人身边，妇人用力推开，竹节却还是向她靠拢，她听到竹里有婴儿的哭声，遂捞起竹节，剖开一看，里边有一个婴儿，妇人遂将他收养，婴儿长大后成为当地的首领。

女阴崇拜、始祖母崇拜在西南民族中亦很普遍。如白族的祭阿央白女阴，对女性生殖器官的崇拜突出地集中于子宫上。以女英雄崇拜为主题的传说故事在很多民族中都有，她们或是拯救族人于灾难中，或是坚贞不屈，或是带给族人福祉，或者发明了某

① 马学良：《中国少数民族文学作品选》（第四分册），上海：上海文艺出版社，1981年，第193页。

种灵巧的生产生活用具。这类故事最终可以追溯到始祖母崇拜。侗族有萨玛节，萨玛是侗族传说中的始祖母，在祭萨玛这天，妇女们要耍草龙、跳稻草人、游乐等，一应家务都交给男人们。①海南岛的黎母传说亦属此类。观音虽能以种种形象示现，但在中国佛教信众中基本上都以女身示现，更以生育神的形象在民间被广泛信仰。

这些神话由于强调女性在生育中的作用，进而也表现了女性勇敢、顽强、智慧的一面。独龙族的《嘎美嘎莎造人》的特别之处在于突出了大神创造出的女人比男人聪明。在傈僳族的创世神话中有一个情节：古时天地相连，人们背着柴走路，柴会蹭着天，女人便高声骂道："老天，你要么高些，要么躲开！"老天怒而降下大雨……②

还有很多传说是跨越种属界限的婚配，繁衍出血统高贵但又似乎是略有难言之隐的后代。所谓的"高贵"，是指女子通常是人世间的王者的女儿，甚或是来自天界的神女；所谓的"难言"，体现在故事整体流露出的对婚配对象"奇异"外貌或"低贱"身份的难以接受和对他拥有的杰出能力的迷恋甚至依赖上。这类故事已经不是人类起源神话，而是民族起源传说，阐释的是某个特定的人们群体是如何出现的。

黔东北、湘西苗族流传的一则民族起源神话，以神宣告"谁能到西方取来谷种，就将女儿嫁给他"为引子，可取来谷种的偏偏是一只犬。③神女为母、异类为父的民族起源神话非常普遍，如畲族的盘瓠传说：当时的畲族祖先受到外族威胁，头领急招能够御敌的将领，并许以战胜则把女儿许配与他的诺言。但当敌人

---

① 《贵州侗族群众欢度萨玛节》，载新华网，2007年7月28日。

② 本书编写组：《傈僳族简史》，昆明：云南人民出版社，1983年，第5页。

③ 西北民族学院研究所：《中国少数民族神话选》，1983年。

被击退时，头领才发现退敌的将领是一只犬。女儿劝告父亲不能食言，表示愿意下嫁，但这只神犬却变成一位英武的将军，畲族遂由此繁衍而来。彝族的人间英雄举木惹牛娶了天神的小女儿，纳西族也有人祖崇仁利恩娶了天神女儿繁衍出纳西族的传说。德昂族有《人与葫芦》这样类似的故事，而且还讲到，男人为了防止仙女飞走，在她的腰、项、手上都戴上了箍。① 海南岛有关黎母山的传说：雷公把一枚蛇卵放在山中，后又将卵轰破，出来一个女子，她与一个大陆来的男子成婚后，繁衍的后代被称为黎人，女子被后人尊为黎母。②

在此类传说中，男性在生育中的作用、女性社会地位的逐渐下降与男性社会地位的上升都得到形象表达，婚姻成为意义重大的选择。或者说，此类神话通过对跨种界婚姻的描绘，突出强调了婚姻的实质乃是广泛的“结盟”——神圣血缘与“草根”英雄相结合，衍生出繁复的社会事实。当然，所谓的“神圣”血缘其实就存在于往来密切的周围其他更为强势的群体中。③

但西南地区此类神话还反映出在早期的人们群体中，女性拥有更高的地位，或者说，所谓的“女性”，最早是以“母性”的名义被定位的，母性来源于“雌性”，雌性最主要的能力就是繁衍。为完成好母性角色的核心职能即人类自身的繁衍，人类社会构想出若干作为母亲应该具备的精神品质，如甘于奉献自己、耐心细致周到、克己温和勤俭，以此作为对人类的雌性升华为母亲

---

① 西北民族学院研究所：《中国少数民族神话选》，1983 年。

② 中央民族学院少数民族古籍整理出版规划领导小组办公室：《中国少数民族神话汇编·人类起源篇》，1980 年。

③ 缔结婚姻的重点在于选择联姻的家族，双方对可以交换的利益反复权衡。漫长的“六礼”的进行过程，不过是对这个新的关系的次第深化。所以，最初的婚姻与当事的两个人有无爱情实在没有过多的关系，爱情在婚姻中很多余，婚姻生活中，有礼足矣。

的普遍社会期待。但母亲的地位随自然的生育力而来，这一基础决定了“母权”随着家庭家族制度的完善而只实施于家庭家族内部，向家庭家族外的延伸则是天然受限的①，所以，没有生育的女性在大家族里是没有地位的。而男权所依赖的权力机制则完全是一种庞大的社会存在，其特点恰恰是连接不同的家庭和家族，进而是跨地域、跨区域的权力结构，故而母系不是母权。② 随着男权的确立，作为顺从者的女性被要求具备的“德行”越来越多，比如忠实、顺从、无怨、守贞等，简言之，即三从四德。

当然，上述神话中出现的男人形象，或为非人类，或是地位低下。而随着男性地位的上升，相关的态度也在神话中更明确地表达出来。如果说盘瓠神话一类的故事暗示了男性地位上升的能力因素，但也流露出女性心有不甘的情绪的话，那么，纳西族的天女下嫁一类的故事则对天女的高贵出身表现出某种不重视。这两类故事都突出了在残酷的生存竞争中男性所具有的能力的重要性。

之后的人类繁衍神话就把女性完全置于附属于男性的地位上。

《中国少数民族神话选》中《布朗族的来历》讲到：早先世上没有女人，男人累了想睡觉，却辗转难眠，就削了一个人形木枕，结果酣然入睡，醒后发现人形木枕变成了一个漂亮能干的女

① 比如，《红楼梦》中，人们会认为贾母是家族中地位最高者，但她的地位仅局限于家族内部。对外，她的尊荣来自丈夫、儿子，当然，还有皇帝，因为她的孙女嫁给了皇帝。这些尊荣交织在一起，实际上无法分清，但从研究的角度上看，还是有所不同的。

② 每一种权力的确立，其实不言而喻的是顺从者的存在，但母权下没有顺从者，对于普通的家庭来说，母亲更是以琐碎的操劳而获得家人的亲近的。而男权则相反，因其所依赖的“势”来自社会，所以，我们看到，过去一些即便是游手好闲、没有家庭责任感的男人，仍然得到妻子和儿女甚至母亲的顺从与忍让。

子，二人遂成婚，繁衍出布朗族。这则神话强调的是女性对男性的附属性。拉祜族的《独头娃娃》讲到，一个妇人饮用了大象踩出的水塘里的水，怀孕生出独头娃娃，虽是一个感应生子神话，但特别之处在于丈夫对妻子忠贞的反复试探，表明男性对女性身体已有了某种占有意识，可以窥见当时当地的社会已经产生了较为清晰的夫权。

男性的生育能力与男权结合后在当地民间信仰习俗中也有所表现。在西南温湿地区的山寨里，都普遍有寨神崇拜，有的又叫寨心神，它是护佑寨子平安、兴旺的神灵，其形象就是巨大的男根。

兄妹开亲的人类或民族起源神话在瑶族、水族、布依族、仫佬族、毛南族、怒族、仡佬族、基诺族、傈僳族、土家族、黎族等民族中广为流传。拉祜族的兄妹相婚见于其史诗《牡帕密帕》。①

此类神话表达出一个普遍的共识，那就是基本上所有的民族都自然而然地认为兄妹开亲是不妥的，几乎每一则神话都讲到了神示意他们兄妹婚配时二人的尴尬，但在群体繁衍受到严重威胁时，这些心理与情感上的抵触是必须忽视的。

兄妹开亲过去被学界认为是反映了人类曾经存在过的血缘婚时代，但我们不应该忽略的是，所有这类神话几乎都表达了人们对兄妹开亲的抵触心理。显然，这类神话流行时，人类已经有了成熟的血缘外婚习俗，相应的社会联系与规则也已经非常严密，人们的头脑中已经有了乱伦禁忌的意识。那么，何以又产生兄妹开亲的神话呢？如何又从血缘外婚回到血缘婚状态呢？这类神话从侧面还透露出的一个信息是，兄妹开亲只是一次神明特许的例

---

① 马学良：《中国少数民族文学作品选》（第五分册），上海：上海文艺出版社，1981年，第224—227页。

外，而不是回归血缘婚。考察兄妹开亲的神话，它们基本上只流行在西南地区及广西一带，今天在这里居住的各民族，都有自己的迁徙历史，在漫长而不知其所止的迁徙过程中，大支又分成若干小支，大小群体各自的生存与繁衍面临诸多意外的考验。所以，这类起源神话更可能是在示意后人，在重大危机面前，所谓的底线是可以调节的。在特殊情境下，本当严格遵守的条规其实也是可以破例的，而且是能够得到神的谅解的。这体现了在西南严酷的生存环境中，各民族群体必须重视自身群体的延续，才有可能与严酷的自然环境相适应，所以也才有了普遍的兄妹开亲的神话传说。同时，作为今天的研究者，恐怕也很难想象数百年前西南山区的百十来人的群体，其生存与繁衍会面临怎样的困境。

但关于兄妹开亲的神话，似乎也暗含着西南各民族在自我认知上的某种“原罪”意识，虽有别于西方“伊甸园的原罪”，自然也不存在“末日审判”、“救赎”之说，但在神灵面前的惴惴之心却终是难免。那些深居在群山万壑里的沉默寡言的乡民，一般都传颂着那些让他们骄傲的祖先，但后来的辗转流落却让他们有着难掩的惆怅。这一类传说基本属于英雄祖先类型，完全是男性的天地，他们带领族人在迁徙中战胜各种困难，选择了这片土地，繁衍出子孙后代，发展成为今天的村寨。创业中的艰难困苦及彷徨挫折是后人难以想象的。也许有这些传说的群体的后人还没有意识到应该对这些创业的篇章加以美化，修改成类似于“大禹治水，三过家门而不入”那样的美谈，以激励后人。

还有很多神话传说涉及不同民族的交往，故事结构通常是兄妹相婚后生下几个孩子，他们后来分别成为本地不同民族的始祖。如佤族的《七兄弟》，基诺族的《祭祖的由来》，彝族人间英雄与天神女儿生育的三个儿子会说汉族、藏族、彝族三个民族的语言。这一类故事的产生年代必定是在不同的人们群体有了交往之后，他们认识到了各自的差异和相邻而居互为依靠的重要性。①

怒族的兄妹相婚见于《洪水滔天》，他们生育了7个孩子，分别是汉族、白族、傈僳族、怒族等②；侗族则相传开天辟地滔天洪水时，张良、张妹躲进葫芦，后兄妹相婚生下一个肉团，分掷四方，是为侗族、苗族、瑶族、汉族及各种动物。③

根据以上对西南地区各民族一些神话故事和史诗的归纳整理，有这样一些特点：有女性始祖崇拜，母亲的地位高，或为天女或为仙女，很多故事中出现象征子宫的物体或者是象征子宫的器物孕育胎儿的情节；兄妹相婚；有共同血缘的子女成为不同民族的祖先。

我们过于在意神话传说的真实性，因其中的荒诞而本能地抗拒这些代代传承的内容所携带的信息，但保持真实性不是创造神话的目的，创造神话是为了实现群体的凝聚与有效的管理。可是，如果我们把神话只单纯地看做有着明确的社会功能的存在，就又错了，神话还是心灵世界的反映。④

---

① 这类传说除了强调民族间的交流外，还透露出某种似曾相识的气息。在《二十四史》的前四史中，甚至是南北朝的各国专史中，在介绍到周边民族的渊源时，都会有非常一致的一句话：其先本黄帝第…子某某之后也。这个判断的真实性不必去考证，但它以“天下一家”统一思想、建立某种“意识形态”的动机却显而易见。西南民族的这类传说有无统一思想的动机不好说，但不同群体相互依存之重要性显然已经被他们意识到并反映到神话传说中。

② 马学良：《中国少数民族文学作品选》（第五分册），上海：上海文艺出版社，1981年，第325页。

③ 中央民族学院少数民族古籍整理出版规划领导小组办公室：《中国少数民族神话汇编·开天辟地篇》，1980年。

④ 从这个意义上看，文学亦如此。

二、从自然人到社会人

我们可以体会出在大多数体现出父权话语色彩的神话中，女性拥有不可替代的地位，比如说九隆神话，生养了九条龙的母亲有一个名字——沙壹（壶），她最重要的使命就是生育。而在日常生活中，从一个小姑娘成长为一个男人的妻子、一群孩子的母亲，这中间的角色转换是由社会来帮助完成的。这其中除了长辈女性的教导外，同龄女伴的帮助也非常重要，尤其是涉及隐私问题时，其作用甚至远远超过母亲的指导。一篇文章提到，阿昌族女性在处理月经及相关禁忌时，是羞于向母亲等长辈询问的，都是在年长女伴的帮助下掌握相关知识。[①] 我亦同样经历过相似的过程，体会过羞于启齿、极力避免被人发现的紧张心理，好像自己于德有亏。而在这些角色转换的公众形象部分，即怎样才是一个好女人、好妻子、好母亲，口传文学则起到了非常重要的引导作用。

西南民族民间故事中一个正面女性的出场，通常是说她“善良又能干”，不太涉及外貌，即便有相关的评价，也仅是笼统的“美丽、善良”，中心仍然是“善良”，善良的最日常化表现就是为家人吃苦耐劳而没有怨言，能干、奉献才是关键，强调的是母性特点。《螺丝姑娘》（又名《画中人》）是我少时听到的故事：这位藏身于水缸里（或画上）的螺丝姑娘爱上了善良、朴实的小伙，每天从水缸里（画上）出来帮小伙子做饭、干家务，后两人结为夫妇。这些民间故事渲染了女性的干练与有主见，与内地那

① 李金莲：《阿昌族民间的月经禁忌与信仰习俗》，载《宗教学研究》，2008 年第 4 期。

些“郎才女貌”、“才子佳人”的故事大不相同。

虽然儒家在“德言容工”四方面要求女性，但在性别分层极为严格的儒家眼里，女性的“德”与“言”是否符合规范，标准是很明确的，没有什么收放的空间，只有“容”与“工”，其判定的标准相对模糊，体现出一点“可怜的”差异，是难得的可以寄以想象的空间。所以，“容”与“工”往往成为对女性最直接的评价着眼点，不仅民间故事，还有更为精致的文人创作中，不论是虚写还是实写，女子的“容”与“工”都成为大费周章的关注内容，实际上成了对女性“德”与“言”的婉转表达。夸她的容貌，夸她的女红，间接地也就夸了她的人品。《诗经·卫风·硕人》：“手如柔荑，肤如凝脂……美目盼兮，巧笑倩兮。”想象她修长柔白的手指在织机上翻飞，想象她对家人的温良体贴，女性的美好就被传达出来。① 所以，在汉文化传统中，女性被强调不仅要有母性特点，还要有奉献给男人的女人品性。

西南各民族流传故事中对女性的描述体现了他们对女性角色的整体期待，同时又是对社会现实的一种反映：没有森严的社会分层，除了生育劳动，女性还承担了相当一部分生产劳动，社会的习俗与观念都必须要兼顾女性的整体价值，因而对女性的健壮更为重视，对“容”涉及较少。如果说女性长辈和女伴更多的是传授给年幼者具体的“工”的技巧的话，民间神话故事则是树立了女性在“德”方面的形象，共同推进了女性从自然人走向社会角色的过程。

---

① 其实，这方面中外都一样。特洛伊战争十年后，雅典元老院的贵族们十分困惑，说为一个女人开战十年，大为不值，但当他们看到海伦后，大呼：宁愿再打十年。我们无法用男性对女性的占有或者两性相吸这样纯粹社会性原因或生物的本能来解释这类现象，女性的美好确实温暖感人，而各种解释都很有道理又很难令人完全信服。这就好像我们看到可爱的婴儿时，不能只是解释为这是保护弱者的冲动一样。老子说：柔弱胜刚强。如何胜的，莫衷一是。

西南各民族神话传说其实表达出这样一个认知：人类群体与身外自然界的并存必须通过生命的代代相继来完成，短寿命和高死亡率又决定了他们必须保持高生育水平，才能维持人口的代际更替。而短寿命和高死亡率与社会财富积累的低水平状态直接相关，这些都直接决定了女性在自己的整个生命过程中，必须要以生、养为第一要务。所以，在西南民族的口传文学中，对女性的健康与能干更为看重。

通常我们认为人类除了生理特质可以遗传外，社会文化在群体内的代代相传似乎也可以笼统地称为文化遗传。正是文化的这一特性，使性别气质也可以以社会的方式积累并遗传。并非每一代都要有一个从零开始的完整的塑造过程，子代完全可以在亲代的基础上进一步形成更为典型的性别气质，代代递进，这正是文化传承在两性角色形成上的表现。

图 4 - 1　一位苗族妇女正在织机上忙碌

图 4 - 1 中是一位苗族妇女正在织机上忙碌，织机通常就放在她们的卧室或是起居间。在汉族乡村已经普遍放弃了自绩自织的劳动时，西南很多民族乡村妇女仍然较多地保留了这项技艺。最能表达她们的审美与技能的服装用料大都是自织、自染、自

裁、自缝。这是因为市场上很难买到缝制她们的服装所特需的布料，与此相关的种植、绩麻、漂染、缝纫、刺绣时的繁琐与劳累则不言而喻，这某种程度上也成为她们对自己的一种肯定。

本书第二章中提到了查菲茨的性别体系变迁，西南民族与东部汉族显然处在不同的变迁层次上。①

从上述资料可以判断，两性角色的社会性差异并不是一开始就有的，两性在自然属性上的根本差异却已经被人们深刻认知，并在社会过程中被逐渐异化。以西南各民族的社会发展水平，对这样的差异所可能带来的影响还没有足够的社会空间予以容纳。但在严酷的自然环境中，以生育维持人类群体的持续存在来与身外的客观世界相呼应，成为人类社会的第一个集体无意识选择，甚至也是所有生命群体的共同选择。由于对生育的认识有一个过程，所以我们在这些神话或者是传说中，能看到女性相对于男性而言，在人类社会的早期似乎享有更高的“荣誉”——它在实际上既没有给女性带来权威，也没有利益。因为不论是权威还是权益的实现，都需要社会成本，而社会不是先天就有偿付能力的。或者说，权威、权益的生成与生效本身就是社会的构成内容。

三、群体及两性间的关系

上述神话的大体类别与故事结构我们可能已经很熟悉了，但一直没有给予足够的重视，仅仅是把这些口传文学作为一种有趣的色彩涂抹在其他相关研究中。

不同群体的口传文学无疑都给各自群体的想象空间做好了大体的布局，而且随着时间的流逝，这个布局也在不断进行调整，

① 参见本书第二章第三节“生理差异向社会差异的异化”。

从感应生子、天女下嫁，到兄妹相婚，再到各族共生，神话演变本身表现出对时间流逝的极大适应性。同时神话作为文化“DNA”的源头，对该群体的文化性格的形成虽是隐性的，这主要指的是影响方式；但却是强大的，这主要指影响的结果。而不是今天我们所以为的那样，是“迷信”，甚至是“无稽”。它提醒我们有些问题看似没有实际效用，但很重要，比如：我是谁？我从哪里来？从一个高度抽象的意义上看，这些问题没有终极答案，但探讨它们，会给我们一种“方向感”并由此而得到安慰。①

相邻分布的各民族有共同的祖先，所以在不同的群体间，生活方式的某些方面有一致性。西南地区不同的人们群体类别众多，支系繁复，但其间的交叉也很多。如语言上：黔东南的苗语，滇藏交界地区的藏语，都成为当地民间某一区域的多个民族的共同的交际用语。再如服饰上：藏东南的纳西族就身穿藏服，更为普遍的现象是，一个民族的服饰中加入了另一个民族的元素，丽江境内的白族妇女就有披纳西族七星披肩的。在贵州一些苗族、侗族共同居住的地方，人们的服饰上也有一些共同的特点，如绑腿、发式。

最为突出的例子就是多个民族拥有共同的节日。从节日的文化源头上看，该节日有群体特征，但在节日活动中，相邻而居的民族都会来参与。贵州屯堡人认为农历六月十九是观音生日，届时要举办观音会，主办地点为云山屯的云鹫山。当日山道上的人

① 在“众神已死”的现代，这类问题也仍然存在，只不过在物质主义流行的今天，每一个人的生活场景都在不断地流变，大多数人觉得似乎不用考虑这种“无用的”问题，其实他们只是“幸运地”因为“忙碌”而不必去面对这个问题。而对拥有不同文化背景的人来说，随时随地都必须面对“我是谁”的疑问，否则，忙碌就是没有意义的，也将是处处碰壁的。好比一个幼时辗转流落的孩子，长大后执意寻找亲生父母。这个让人困惑的追问其实是伴随人类始终的，如何解释不是问题，关键是我们每一个人都应该尝试着解释一下。

摩肩接踵，其中不少邻近地方的苗族、侗族身着本民族节日服饰，也赶来参加。

从乡村民间生活中既能处处体察到人们的信仰，但也可以发现，这些信仰有着渊源各异但又互有交融的自然状态。如果像做研究那样去理解民间鲜活的样态，反倒竖起了区隔的樊篱，彼此都失去了自然。乡民的生活虽然辛苦而清贫，但有了这些信仰，他们也能从容地生活在自己的世界里。

图4－2　赶往云鹫山的苗族妇女

图4－2中的苗族妇女正行走在通往云鹫山的路上，准备参加观音会。而像三月三、吃新节等这样的节日，在云、贵、桂和粤北的丘陵地区的稻作农业区，则是通行的生产生活调节制度。围绕这一主题产生的各种民间传说和相应的节俗因民族不同而有

各种丰富的表现，具体时间会有前后差异，节日名称也各有不同。[①] 但大都在一年的最新一季收获期和在农活相对轻松的时段。西南地区众多民族也把汉族的农历新年当作本民族最盛大的节日，其他如清明节、端午节、中秋节都有相应节俗，既有来自汉族的节俗，如合家团圆、祭祖，也有各地不同民族特有的习俗，如取新水、打饵块。地区性的节日有三月三，在黔、桂一带各族中流行，二月八、火把节则在川、滇高寒山区各族中流行，贵州各族的吃新节也很普遍。

各民族特有的但影响范围有限的节会数不胜数，尤其是敬祖祭鬼神方面的定期活动，因为是以血缘家族或村寨的形式举行的，所以限制性较强。关于祖先的来历和事迹的传说，其重要功能之一是建立起与周围群体的“空间”关系，亦即远近亲疏的关系。历史上在国家力量相对薄弱的西南山区，理清周围群体之间的关系，也就清楚了在需要帮助时可以求助群体的先后顺序，同时也是对通婚范围的一种界定。很多传说都提到兄弟在迁徙过程中分为别支，那么，这两个支系的后裔就不能通婚，简单地被表述为同姓不婚，故而也会被沿用至没有渊源关系的同姓青年之间。考虑到过去人们的交往半径有限，这个规则的订立还是情有可原的，但也造成另一个事实：如临近的若干个家族之间有姻娅关系，不同世代相互多次婚嫁后，群体之间的联系被一次次地加强，客观上也一次次地使这些群体共居的区域更为封闭。而关于鬼神及风物景象的传说，则与这片土地的神圣关联，也是对经济方式、文化心理的高度概括，它们与婚嫁形成的血缘网络共同构筑出一个可以安居其间而相对封闭的“世界”，这些从不同角度编织而成的意义之网，从某种角度上看，亦是一种“防御体系”——既是安全感的来源，也是某种禁锢。

---

① 莫福山主编：《中国民间节日文化辞典》，北京：职工教育出版社，1990年。

在性别角色的期待上，体现为对两性自然属性的“有限尊重”和对两性社会属性的日益区隔。当然，由于西南地区地貌崎岖，人们的劳动样态多样，实际上无法完成区隔分明的男女劳动内容，但围绕类似于“男耕女织”这样的标志性劳动分工，两性在“职能与作用”方面，还是有一些习惯性划分的。

水族待客很有讲究，男客到，男主人陪客，妇女下厨；若是女客来家，男主人就得当伙头。①

2008年夏，我在都柳江的寨子里走访时，发现当地的习俗是，当来了重要的宾客时，都由男子下厨。他们认为，妇女可以做点家常饭菜，但做不好待客的酒菜。这个解释有点牵强，但另一个合理的揣测是：在偏僻的山村，接待宾客是一项重大的事务，那么，就必须由男性来承担，以示郑重其事。但不论是民间的随意解释还是我们的“合理”揣测，一个共同点是：都强调了男性比女性更有身份，重大事务面前女性必须退让而突出男性，显示了性别的社会差异。同样的目的，在中原汉族传统社会中则是相反的做法：女人们把一切准备都做好之后，男性出来主持。性质相同，但现象有别。我们不能不说西南民族的做法更为朴实、自然。②

而对两性自然属性的“有限”尊重，则主要表现在恋爱与婚姻习俗中。婚恋习俗是西南民族最为引人注目的文化事象之一，

① 刘之侠、石国义：《水族文化研究》，贵阳：贵州人民出版社，1999年。其实不唯水族，南方很多民族，甚至是汉族，都有此现象。

② 当我们评价一个人真挚、朴实时，我们其实没有，也不可能拿出任何确凿的证据，完全是一个基于综合观察后的总体判断。但我们为什么相信这个判断呢？因为我们知道这个“真挚、朴实的人”的生活与他所表达的内容之间没有差异，而他的言行则基于自己的最根本的生活状态。我们不会把这个评价给予一个政治家，甚至一个商人。所以，真挚、朴实乃是一种实际的生活状态，这种状态即“不知美之为美”——不知朴实之为朴实的状态，与“修养”不同，前者无心，后者有意。

但多年来的研究主要突出了它们在细节上的异彩纷呈，这个习俗、那个仪式，容易给人留下不得要领的遗憾。婚姻的功能在于把不同血缘的人们连接在一起，组织起功能更为强大的社会，其缔结与存在的前提是稳定，事先的恋爱因为有助于婚姻的稳定，因而得到群体的支持。而社会在此基础上有了更为有效的连接人们群体的机制后（如经济交换、政治组织机构、文化心理习俗等），婚姻的联盟功能退至隐蔽，社会于是开始专注于夸耀恋爱活动的引人入胜，强调由此结成婚姻的当事人的情感与品行，以巩固家庭的存在。至少到目前为止，家庭仍然是社会赖以维系的根本，虽然我们已经发展出更为复杂与庞大的社会机制，实现了对社会的高度复杂化的组织，但我们忽视了一个道理：一张网络的结成需要若干个相对固定的结点，否则，这张网是不可能织成的。社会组织机制这张网最初是通过家庭结成的，而一旦网络结成，我们"忘了"支撑这张网络的家庭这个结点，"只见森林而不见树木"。最娇嫩的叶片总是离树根最远。"人类所有的进步，不断地使人类和它的原始状态背道而驰，我们越积累新的知识，便越失掉获得最重要的知识的途径"①。妄见由此而生。

所以，西南民族为了婚姻的稳定，对当事的男女保留了相对宽容的尺度，尚未涂抹上浓重的两性不平等色彩，也更为表现出人的本性。相对宽容而多样的恋爱习俗与婚姻形态表明西南地区各民族社会还极大地依赖于婚姻对社会的凝聚，社会自然形成婚姻的各种"不规则"形态，但婚姻的实质不变。② 而汉族地区历史上的一夫多妻婚姻形态则在继续发挥凝聚社会的功能的同时突出表现了两性间的不平等。

---

① ［法］卢梭著，李常山译：《论人类不平等的起源和基础》，北京：商务印书馆，1982年。

② 详细论述见第六章"婚姻形态多样而本质相同"。

还有一个现象很普遍，但也不太为我们所重视，那就是西南地区各民族女性的交友生活。对未婚女性而言，交友活动是集体进行的，在别人家的婚嫁中，在村寨的节庆中，甚至在一些劳动中，如纺纱缝纫类，她们总是集体行动，恋爱也是集体进行的，类似的现象在汉族乡村中也能见到。但已婚女性就有很大的不同，汉族已婚女性的言行受到外界与内心自我的强有力的约束，她们在家庭以外的交往受到重重有形与无形的控制。但西南地区各民族妇女的交友生活却与之大不相同，在一些节庆类活动中，她们可以离家游玩。如一些群体性的宗教结会、妇女"帮扶小组"，这些"非正式组织"不仅有助于女性解决一些具体的生活问题，也成为她们的精神支撑。

值得一提的是西南民族老年妇女的交友活动，外在形式多是举办宗教活动，也有只是闲聊共餐。图 4-3 中的老年妇女在当地的寺庙里举办宗教活动，同时也闲聊聚餐。在汉族乡村里，老年妇女的共同活动已经很少见了，城市里有文娱活动，有老年学校，但都不是专门面向老年妇女开办的。关键是这些活动的参加者之间没有形成亲密关系，构不成类似于照片中的成员之间所形成的依托关系。

图 4-3　参加宗教活动的老年妇女

图4-4中的妇女正一边为来参加观音会的会员炊爨，一边跳起了花灯。与她们相处，感受最深的就是她们的通达。在暂离日常生活的空间，在结伴消闲的轻松里，在神明深切的宽慰中，感知生活的最根本方向，“放下”艰难，憧憬希望。

图4-4　参加观音会的妇女

世俗化的活动如纳西族妇女的“花葱”，三五人、八九人不等，不定期相约在一家聚会，费用由大家均摊，主家负责食物，大家边做饭边闲聊。整年终日劳作不休的妇女们在脱离家庭生活的其他空间的放松，看似家长里短，琐碎无聊，但实际上可以缓解妇女们疲惫的情绪，间接化解日常生活中的郁闷和烦忧，起到稳定家庭与社会的作用。余钱主家可按需支配。如今这一习俗已经“遍地开花”，功能反倒不似从前明显了。

这些生活事象所体现出的行为准则，我们都可以从神话中找到渊源，其强大的“遗传”功能提醒我们，神话不像我们今天所认为的那样完全是虚妄的、无稽的、荒诞的。至于说“缺乏科学依据”，则是因为神话与科学不是同一个层面上的事象。心灵的漫游经常要摆脱各种日常的依据和凭借，如此，才能帮助我们面对并容纳现实的生活，又给心灵插上了飞越现实的翅膀。这是人之为人的核心所在，却不是可以从中找寻科学道理的事象。①

反复审视西南各族民间文学的各种形式，尤其是从表达他们神圣情感的神话、史诗中，可以看出他们是如何认知两性角色的。在早期社会中，人是无所谓高低、贵贱的，而生育的重要性又使女性至少是处在名义上相对崇高的地位上；同时西南民族的口传文学也表达了对女性成员的普遍的社会期待。随着物质财富的增加及相关认知的体系化，以自然差异为基础的不平等异化为社会化的不平等。争权夺利的事象往往发生在财富和权力集中的领域。而西南各民族地区由于财富及资源的相对匮乏，社会分层并不明显，“贫贱夫妻百事哀”，这夫与妻谁的地位更高？同是角色上的差异，西南地区与东中部地区的两性角色体系变迁处于不同的阶段上，从属于社会分层的性别分层在西南地区较少社会性的事实依据，更为触目心惊地表现出来的是女性生育过程中必须经历和承受的痛苦与风险。

① 心灵与物质应该是辩证法里的又一对矛盾统一体。现阶段恐怕是日益丰富的物质或者说是对物质的极大欲望遮蔽了我们的心灵。

第五章　财富积累与性别角色差异

性别分层从属于社会分层，社会分层是通过对资源与财富的拥有度、支配度来体现的。从世界范围来看，随着社会财富总量的增加，数千年前甚至更早，它催生的是财富和资源的享有权和支配权在成员中的差异分布，而在四五百年前，它催生的却是人人生而平等的价值观。[①] 西南民族传统社会的财富生产、分配透射出社会公正与财富积累及分配方式有内在联系，反映出社会的演变主要是两条脉络的交织演进：作为文化表征的物质形态的演进和作为文化内核的人类自我认知的变化。前者关乎科学，后者关乎心灵。

所以，本章虽然讨论的是两性的社会性差异，但着眼点在造成这一差异的社会性不平等上。

此处的资源指自然与社会两种资源。要说明的是虽然对自然资源的所指有相对一致的认识，但如将这方面的认识放在数千年的时段上来考虑，并兼顾不同文化差异的话，那么，何为可以利用的自然资源和如何利用这些资源，认知上也是大有差异的。比如湿地，不久前我们并不认为这是资源，将大片湿地改造为耕地，贵州西北部的草海就遭此改造，后来改变了认识，又将这些

---

① 基本上到目前为止，我们并没有反思过“人人生而平等”这个概念，口号式的语言总是容易带来与初衷相反的某些影响。因为我们可以肯定的一点就是，任何权益都需要自己去争取，所谓的“天赋人权”，它表明的只是人们去争取的动机的正当性，而不是坐等平等的降临。

耕地改造回来。北京周边类似的改造也在进行中。再比如森林，赖以调节气候、保持环境或伐为木材都是利用方式。社会资源可分为正式与非正式两种，前者指订立的制度、法规等，如户籍制，还包括传统乡土社会中的习俗；后者所指则十分复杂。所谓不同群体的文化差异有时突出地表现为非正式社会资源的五花八门，比如老乡观念，春节前那么多人“得不偿失”地想回家的愿望，卖菜的对来买菜的亲热地叫“大姐”、“大妈”的自然热络，以及一个人所拥有的威信度及范围。社会可以凭借这样一种文化心理倾向，形成某种秩序或者组织各种活动。

财富与资源可分为有形与无形两种，前者大项如土地、森林、湖泊河流、矿藏等，小者如家庭财物，总之为一切可视、可见且可利用之物，以前我们认为空气用之不绝，算不上资源，现在认识到新鲜的空气也是一种有限的资源。无形资源则多由社会习俗与制度而来，越是到社会晚近，无形的社会资源种类越繁多，在不同社会群体与阶层间的分布也是千差万别。比如社会保障的享有、受教育机会等。而自然资源与社会资源相结合，也可带来财富的快速积累。如新加坡就借助于优势地理位置，配置以合理的社会资源，取得了高度的发展。所以，我们对资源的认知应该是一种开放的态度。其实在人生过程中，某些社会资源也是人生追求的目标，如荣誉、亲族邻里或业内人士的赞赏、和谐的人际关系，甚至一种宁静、安详的心境。

随着人类生存日久，地球上的各种自然存在正在逐项被利用，而人类开发资源的能力也日益精到，并表现为这类开发活动的高度组织化。这不是我们今天所能评价的过程，但至少是一个有喜有悲、有得有失的过程，而不是全如乐观主义者所说的那样，给我们带来纯粹的日益繁荣与昌盛。

不同历史时期社会的各个行业都有某种结构形态，有的行业总是显得更能拥有和支配更多的资源。这是行业的结构性差异，好比人的相貌体格性格差异，原是无可避免的，在本质意义上也无高下之分。但在复杂的社会中，这些结构性差异会异化为等级差异。如脑力劳动与体力劳动的差异原本是由劳动的能量消耗方式决定的，但异化为“劳心者治人，劳力者治于人”；国有企业、私营企业、外资企业，其间的差异更是一言难尽。社会在演变过程中，总会对不同行业作出倾向性的评价，因时因地不同，身处其间的每一个成员对此心知肚明却又各说纷纭。中国数千年来都是农业国，对商业的评价很低。而今天，放眼四顾，种地因为是最吃力、少回报的劳动而被人们普遍逃避。人类的不同劳动不可能同速发展，更不可能同样引人注目，但是由于社会的日益高度组织化，不论差异有多大，都按“社会分工”被织进“社会总劳动”或“社会行业结构”这张大网中。有的传统行业今非昔比了，但又出现了许多新兴行业。这是客观存在的现实，但也是造就另一种很广泛的因结构性差异而形成新的社会性不平等的渊源，如热门行业、垄断行业等。强势行业必然造就强势的从业阶层，进而在决策层面上以制度形式堂而皇之地使该行业在利益分配中得到更多的份额，并因为其强势的经济角色而在政治、文化领域亦产生相应的影响。

两性社会分层是各种社会分层在性别上的体现，而社会分层是通过对资源的拥有度、支配度来体现的，所以，谈两性的社会分层或者说社会性不平等，必须涉及财富与资源。财富与资源有一个不断积累与重新认知的过程，两性的社会性差异也有一个演变过程，表现出与财富和资源的密切相关性，但却是一个辩证的复杂过程，任何缺乏前提条件的判断都会失之偏颇。

抛开资源与财富，两性角色差异的比较将无从进行。①

---

① 本书中为避免啰嗦与拗口，“资源”与“财富”二词有时并提，有时择一，但这并不表明对它们的细分，而只是共同作为衡量身份差异的标尺出现。

本章的另一个视角是财富的生产积累方式。其实，到今天为止，还有相当一部分区域的财富生产积累方式是可循环的，即传统意义的农牧渔业，虽然相对低效，在“日新月异”的今天却让我们心生留恋，是我们躲不过的成长期，但它们在社会总财富量中的比例却越来越低。工业社会的财富生产积累方式是对资源的一次性消耗。到了后工业时代，许多高新技术及经营模式，给资源附加上各种有用或无用的价值，这些“价值”远离载体，也远离我们的基本生活形态，在满足了我们日益增长的物欲与虚荣心的同时，将社会分化的两极间差距空前最大化。[①] 每个人都不会不明白社会过度分化对社会公平与正义的戕害。

一、原始平均的实质是匮乏

直到20世纪中叶，西南和东北地区一些少数民族还有平均分食的习惯。西南民族，主要是横断山区各民族，表现为家庭内平均分食，而东北地区的一些民族，如鄂伦春族、鄂温克族等则是平均分食猎获的野兽。二三十年前人们认为这个现象是对每一个人的重视，体现出一种平等的理念。但这只是在物质匮乏的情况下，为了保证种群的生存繁衍而采取的一种食物分配方式，与平等无关。此后，作为一个象征仪式，更为普遍的存在方式是：

---

① 美国人托马斯·弗里德曼分析了现今使世界迅速变得平面化（一种能够带来平等的社会结构模式）的一些生产经营方式、技术，甚至是政治事件，如互联网、离岸生产、外包、搜索服务、上传、柏林墙的倒塌等（[美]托马斯·弗里德曼：《世界是平的——21世纪简史》，湖南科学技术出版社，2009年，第42—154页）。财富在每一次的流转过程中，有时会被挖空心思地附加上各种匪夷所思的预期，即所谓的“炒”或者“运作”，这也是后现代社会的特征。但越是基础部位的环节发生断裂，财富大厦就垮塌得越是彻底，如2008年秋开始的金融危机。

先用食物祭祀祖先，然后子孙们分食这些祭品，但意义也因此而发生了转化，它表明的是子孙们均沾祖先的恩德。① 这里出现了两个资源：食物、祖恩（具体到狩猎民族即神恩）。食物是实在的，祖恩是想象的，但虚实无分高下。当然，掌握分食的大勺、主持祭仪的资格，最终也都成为可以利用的资源。

如果没有这样一种分食制度，作为群体生存和繁衍的保障的老人（经验的富集者）与小孩（群体存续的希望）将得不到足够的食物，但就是这样的分食制度也应该是通过人们的亲身经历才总结产生出来的。如果食物富足，就不必分食，而正因为食物不足，才需要有一个分配的方式。在人类社会早期的这种分食方式中，每一个成员看上去都是平等的，但这只是我们今天的理解。

当然，这样的生存状况也必然造成人际关系的平面化，即“无意识的平等”。但此说亦有些荒谬，平等本是人们心中的价值观念，前提是一定要有自觉性，而“无意识的平等”只是一种对原始平均现象的今天语言的描述，也可以说，当时的人们处于“零”积累的状况，是因为一无所有而平等。即使那些身体强壮的人，在食物的公开享有上也不会有更多的机会。这种状况导致社会缺乏变化的张力，我们可以从那些保留了较多人类社会早期残余的人们群体中得到印证，那些样态古老而历史漫长的社会群体，都给人时间“停滞”之感，亦没有变化，实在是因为这平等是“无意识的”，因而也是毫无意义的。大千世界，其实无从寻找相同的事物，但正因为无意识，我们走过了漫长的蒙昧时代，却对这个“漫长”毫无切肤之感。而一旦有了意识，平衡却又总

---

① 吃，有时也是一种仪式性行为，它反映的是在物质匮乏的情况下，但凡有享用美食的机会，一定要感谢神明、祖宗的保佑，如基督教也有感谢圣餐的仪式。今天，我们仍然用“吃”来表达庆贺，有人说就只知道“吃”，其实，这也是因为人永远脱离不了自身的物质性存在。

是短暂的、机缘巧合的。《庄子·齐物论》:“是非之彰也，道之所以亏也。”而人类真正从大千世界中体会到人的高贵在于对平等的自觉追求时，人的不平等已达到了登峰造极的地步。

自从“平等”概念被引进后，我们不曾对它做过细致的讨论，基本上顺水推舟地就理解为“一样”了。平等只是一种高度抽象的价值理念，人却是真实、具体而又千差万别的存在，人的平等在具体的情景中有具体的阐述，平等如果不具体化，就不是一种在社会实践中可以随时拿来践行的原则，也就是说它需要细化为有条件的、有针对性的、可操作的规程。而平等原则一旦细化，则失去推之四海的普适性，只针对具体情境而言，是某种程度上的“锱铢必较”，这似乎又有些庸俗地失却了“平等”的高贵的抽象属性。此正所谓“白马非马”，此“平等”非彼“平等”。实际上，没有一种价值观念在追求的实践中不需要具体化的。

在我们清高地宣称“平等”具有哲学意义上高度抽象的属性，而不是简单的数量均等、现象一样时，我们还必须老老实实地承认平等不是梦幻般的海市蜃楼，正是对人生、对社会被细化后的若干关键的点与面上的“一样”的追求，成为我们现实中对平等的最为具体可行的实践准则。平等不是“一样”，但平等必须由琐碎的“一样”来体现。

比如，我们把人生而具有的权利分为：生存权、财产权、发展权等，之下还可以细分，生存权可以分为对正常生理需求的满足、对基本人身安全的需求等，发展权也还可以细分为对发展机会的需求、对获得发展机会的教育权的需求等。后位的权利要让位于前位的权利。比如一个人的生存权与另一个人的发展权有冲突，发展权就应该让位于生存权。保护环境就是限制发展权以保障生存权的一种全球共识。社会是一个复杂的构成，每一部分的功能不同，对整个社会构成的意义也不同，责任越大，压力也就越大，其合理性与公正性就建立在这些点与面的“一样”之上。

我们主张每个人受教育的机会均等，由于受高等教育的机会较少，就要通过竞争来分配，少数民族因为文化传统不同和社会经济发展滞后，处于竞争弱势，因此政府给予相应的政策倾斜，以使这些机会总体上能相对均等分布。再如对两性平等的追求，以男女同工同酬为一个重要表征。如果没有这些关键的点与面上的“一样”，追求平等就会成为一个骗人的把戏。

反之，如果把平等视同完全一样，忽视万物的差异性存在，忽视强大的历史惯性，这样的平等将会扼杀我们的创造力，使社会最后成为一潭死水。所谓攀比，就是对“一样”的盲目追求，由此带来怀才不遇、嫉妒等不良情绪，社会因此弥漫着浮夸不实的风气。

原始平均与平等无关，实际上是一切积累都为“零”，因一无所有而一样。直到20世纪中期西南很多民族的两性角色的社会性差异不明显，不是因为人们拥有平等的观念，实乃社会财富积累量少及各种资源匮乏所致。而各种资源的匮乏又限制了人们对所谓“平等”的认知，因为社会性不平等是对资源的不等占有为表征的。女性因特殊的生理性原因，也就是卢梭所说的“自然的不平等”①，人生过程更为艰难。

二、社会性不平等是资源开发、财富积累的结果

在有富余财富的前提下，分配的意义才凸显出来，而分配制度本身的内涵也日益丰富，成为在不同阶层和行业间调节和影响

① 卢梭著，李常山译：《论人类不平等的起源和基础》，北京：商务印书馆，1982年，第70页。

财富与资源分布状态的重要制度性手段。

在剩余财富较少、公共物品缺乏的社会里，社会性不平等是无从体现的。而随着各种自然与社会资源得到开发与利用，社会性不平等亦由无到有。如用血缘认同想象并建构“天下一家”这样一种家族—国家—权力意识，在其后的发展中，以权力大小为标志的等级制亦演变成一个至今阴魂不散的“庞然大物”。不平等虽然丑陋，但在过去数千年历史中，它是社会演变的必然结果，并成为社会持续变化的一种张力。也可以说，在面对普遍而又深刻的社会性不平等时，不论是自下而上的底层人民的暴力抗争，还是政府自上而下的改良或改革，都应该是为了改变当时财富分配所表现出的巨大差异而做出的某种尝试，民众暴力效果如何、政治家居心何在又当别论。

不平等的分配制度不仅分配财富，还分配各种社会资源。在西南地区，如在 20 世纪中期前的大凉山地区，社会财富的积累程度并不高，社会公共物品极为欠缺，但凉山彝族社会的不平等性却非常普遍而明显地表现为社会成员的分等级存在。再如藏族地区过去的财富积累程度也不高，但社会性不平等现象很突出。这就不得不强调这两个社会中历史上“发达”的等级制了。换句话说，藏族、彝族社会特殊的历史造就了异常“丰富”的社会性资源，这些资源在不同社会成员中的分布差异明显，如尊贵、荣誉、名望、休闲等在社会成员中的分布极为不均，其所依据的分配原则就是封闭的等级制。那么，在物质相对匮乏的社会环境中，又如何形成如此完备的社会等级制度呢？这就必须考察他们的历史及社会的构成。这是另一个角度的研究内容，恕不详述。

发达的传统农业及在此基础上成长起来的附属产业所积累的财富是空前的，也滋养了繁复的社会文化。这些地区的社会分层是最为明显的，并且随着人口的增长向周边流动，把社会等级的观念意识带到了去往的地方，在此情形下，所到之处是否具备相应的社会财富积累水平倒是不重要了。而这些社会也因此先有了观念，导致有限的社会财富、资源日益集中到上层，中底层于是更趋于贫困。

在西南地区的城镇，也就是汉族集中地区，包括与之交往频繁的少数民族地区，成为西南地区性别分层较为突出的地方，但也只是停留在性别分层的观念层面上。性别分层的首要特征是男性对女性的支配与占有，但这不是凭空的，男性如果不掌控相应的社会性资源，这种支配与占有是不可能实现的。而在广大的少数民族村寨里，没有财富高度集中的大地主，也没有充裕的社会公共空间，也就是说，缺乏可以彰显两性社会差异的各种资源，所以，这些村寨中两性的社会性分层不明显。但因为女性承担了生育劳动的绝大部分责任，在缺医少药的年代，生育的巨大风险就全部降临在女性头上，社会也因此形成对怀孕与生育的种种禁忌。①如果把这样的现象也简单地定性为男尊女卑，那么，只能表明我们一厢情愿地要无知到底。

总之，在西南很多民族中，性别分层要模糊得多，投射到两性角色的差异上，社会性差异并不十分明显，各民族的恋爱婚姻习俗都充分地反映出两性在此事上的自主性，其中又以高寒山区的藏缅语系各族的习俗相对宽容。②

当然，西南民族两性角色差异的程度也是各不相同的。有的民族的性别分层与财富积累的关系更为复杂，如前文所述20世纪中期前的彝族社会。历史上彝族的社会财富积累程度并不高，但相对集中，这说明以等级制为准则的财富分配制度在其中起巨

---

① 李劼：《劳动分工、社会分层与两性角色差异》，载《中央民族大学学报》，2008年第4期；熊丽芬、李劼：《生育——两性角色差异的支点》，载《中央民族大学学报》，2010年第1期。

② 参见本书第六章“婚姻形态多样而本质相同”。

大作用，但以等级制分配的还包括无形的社会资源。彝族社会分层明晰，一个突出特点是财富与身份的相对分离，一个富有的白彝永远不可能上升为黑彝，贫穷黑彝的身份依然高过富有的白彝。参加战斗及战死后的荣誉，也是贵族才能享受得到的。① 强烈的社会性不平等投射到彝族两性角色的社会性差异上，同阶层内性别分层突出，表明女性对男性的依附性，但高等级的女性地位仍然高于低等级的男性，这又表明性别分层从属于等级分层。

以往我们认为两性分层明显的社会，是因为生产方式不发达，物质相对匮乏，各种社会观念意识稀缺，并由此习惯性地将这一认知逆推理，得出结论：社会剩余财富较少，观念意识稀缺②，则两性的不平等就明显。通常说来，这几个现象高度相关，也会集中出现，但之间的相关性究竟怎样却是需要具体讨论的。

没有一种社会事物是天然的存在。不平等，或者说制度化的不平等并不是毫无物质条件的。两性分层明显，必须用两性拥有不同的地位、权利及不同的支配或获取资源的机会等事实来说明，但西南民族的很多村寨缺少可以标注两性身份与地位的财富与各种制度，所以，这样的性别分层是有限的，或者说是模糊不清的。

但从另一个角度看，在发达的传统乡土社会中，其社会性不平等程度与工业社会相比又是有限的，这与农业的生产能力有关。农业生产无法快速积累出大量的财富，在农业时代财富积累的方式必然是通过对土地的占有，无地的农民要么流离失所，要么揭竿而起。宋代虽然工商业有了发展，但主要交换的仍然是农

① 我们通常认为打仗是一件危险的事，不得已是不会参加的，但在等级制时代，奴隶不是完全意义上的人，无权享有为群体利益而战的荣耀。

② 在一个贫乏而又封闭的社会中，人们的感觉也会相应地麻木和迟钝，没有想法，顺应成规而不自知。

副产品，还受限于土地的生产能力。明清时江南的织造业发达，既指其产量，也指其精美程度，因为量有限而质无价。使财富快速而又大量地增长的是工业。

三、追求平等与资源开发、财富积累密切相关

本书在此虽然也认为“资源开发、财富积累”为追求平等提供了经济条件，但只是必要条件而非充分条件。这个经济也不再是农业经济，而是与之完全不同的工业经济。从农业到工业不是生计方式的简单改变，而是一个脱胎换骨的改变。传统农业对资源是重复性利用，而工业对资源是一次性利用。根本不同的资源利用态度对人们的影响是全方位的。

发展工业的前提条件之一是从农业中析出劳动力，并让这些劳动力能够自由流动，而因工业的发展催生出的商品交换使社会关系普遍契约化，契约化的实质就是约定内容必须对所有参与约定者有同等约束力，才能保证生产与交换顺利完成。但这只是平等观念产生的外部原因之一。

传统农业社会的财富主要表现为土地。不论是晋商，还是徽商，都把积累的财富拿回原籍购置田产、新建房屋，而土地房屋是带不走的。所以，不仅农民，包括地主，也被牢牢地束缚于土地之上。工业经济使社会财富快速而又大量地增长，个人所拥有的财富也在增长，不像土地、房屋，这种财富是可以移动的，可以远距离运作并带来新的财富。但这也仍然只是平等观念产生的又一个重要外因。

作为人，在解除了一道道加诸自身的束缚后，下一个当然的举动就是四处流动去寻找改善处境甚至是新的生存环境的机会。为什么会有源源不断的农民从乡村走向城镇寻找就业机会，反之

几乎没有。一个重要的原因是传统农业生计过于艰辛，投入产出比太小。

而在工业生计中，随着财富的迅速增长，人们的平等意识也相伴着成长。人是所有动物中最富于理性的一种动物，我们总说人的最大特点是其社会性，但作为动物的人归根结底是孤独的，不过是清楚联合起来的好处而结成社会罢了。要证明这个判断也容易，我们只要看看人与人之间是多么难以相互沟通与理解，看看所有的协议与合同都只不过是条件、要求与利益的权衡，就可以明了。[①] 但如果"完全将人类活动堪称仅仅是受到利益的动机驱使——这是令人很不满意的描述"[②]。

各种利用资源能力的提高与财富的恰当积累并能够自由流动，只是人们追求平等的物质保障，向往平等与自由的心灵，才是追求平等的内因。日益发展的工业经济使人们探究"自我"以外的世界活动有了物质保障，而对外的探知又加深了对"内"的自我认知。所以，在社会进程中就表现为农业社会的缓慢发展与工业社会的突飞猛进，与之相伴的心路历程是人对自我认知的多方探索。

心灵的自由不一定必然需要身体的自由作为前提，但身体的

---

① 美国人 S. J. 古尔德在《生命的壮阔》（范昱峰译，江苏科学技术出版社，2009 年）里建立了一个关于生物进化的"墙"的理论：生命从左墙，即零开始，其复杂性在随机变化中因为不可能越过左墙，故而必然形成右倾的钟形曲线，即只有少数生物种类能够逐渐接近表示最复杂性的右墙，形成细长的钟形曲线右尾端。生命世界的变异是随机的，而人类的努力则是有趋向性的，但都有"右墙"的存在。"再现真相"这样的努力也势必形成一个不断接近完全真实的钟形曲线的细长右尾端。自然界没有两片完全一样的树叶，世上更不可能有两个完全一样的人，一个人可以很自信地说很了解某一个人，但却不可能等同于那个人。佛说，一人一世界，也是这个道理。我们强调人际、不同文化之间的宽容，也是在为这个"终极隔膜"留着余地，或者，这就是人类孤独感的最终来源，也是在明了沟通有限之后的"释然"。

② 米塞斯著，聂薇、裴艳丽译：《人类行为的经济学分析》（上），广州：广东经济出版社，2010 年，第 3 页。

自由无疑给心灵的自由插上了翅膀。从庄子的逍遥游到魏晋时期士人的“谈玄”与放浪，都可见到人们挣脱各种束缚的努力，但事实证明这些努力有心而无力。只有工业时代的到来，才真正普遍赋予了人们追求自由的力量。

但是，虽然“大量的文献表明了较高的收入有助于经济进取、宽厚待人而支持公民权……对个人能力有信心，愿意参与社群活动和国家事务”[①]，我们却无由得出结论说：收入越高就越能宽厚待人。一种公正、宽容的社会秩序的形成既不能没有相应的经济基础，也不是必然地需要该时代所能提供的最为优厚的经济前提。

不平等，或者说制度化的不平等需要社会具备相应的物质条件，平等观念、对平等的追求，同样需要社会相应的物质发展条件，还需要人们对心灵的感知及评价。“对人类来说，生存下去是选择的结果，是价值评判的结果”[②]。可见，没有一种社会事物是天然的存在，也没有一种社会事物能够不受制于其他社会存在而一味“自在”地“发展”下去。而让人更为迷茫的是，在某些时候，物质的丰厚恰恰成为自由精神生活的障碍。[③]

人类社会在很长一段时间内处于“无意识平等”的状态，是社会财富积累到一定程度后才逐渐形成普遍的社会性不平等的，这个过程基本上与农业社会相呼应。由于农业的产出有限，这种不平等性的表现也是有限的。

---

① 迈克尔·费尔班克斯：《改变国民的心态：致富过程中的各种因素》，载《文化的重要作用——价值观如何影响人类进步》，北京：新华出版社，2010年，第330页。

② 米塞斯著，聂薇、裴艳丽译：《人类行为的经济学分析》（上），广州：广东经济出版社，2010年，第10页。

③ 关于这一点总是让人迷惑，人首先是物质性的存在，所以人追求物质有天然正当性；人区别于其他动物的标志性特征就是人对事物意义的追求，人创造各种意义，就是为了把人从纯粹的物质性存在中拯救出来，但却又永远不能摆脱自身的物质性。所以，我们只能把上述现象理解为人的“宿命”。就像生命体的生与死，实为一体的两面。

但自工业社会开始以后，一切都发生了天翻地覆的变化，工业时代的财富生产积累能力空前增长，契约型经济活动要求不考虑当事人的身份而必须信守合同，劳动力自由流动吸引人们不断去探究新的生计与生活方式，人的心灵在这个过程中也相应地获得更多的自由空间，“平等”成为这一系列个体生存方式演变中的一个核心价值观念。

明代以前，湖南至贵州清水江流域的森林从未被当地的苗、侗民族从商业经济开发的角度加以利用。自明代中期起，木材成为当地与外界交易的大宗商品，但该产业的运转自有特点：林地的产权与转让仍然遵从当地民族的村寨、家族共同占有的传统，只是中间的流通环节由坐江掮客与外地水客承担。清中期，社会对木材的需求量大增，林地资源市场化的屏蔽逐渐被打开，人工营林是市场化的基础，但该环节由当地民族掌控，禁止外人参与进来。这一阶段表现出一种依靠内在社会历史文化环境向外缓慢开放的倾向。到20世纪初，林地的买卖与转让不再局限于家族、村寨范围，甚至生长中的林木也可买卖，林主与“栽手”间的租佃关系形成。苗、侗民族跨村寨、跨区域的社会分层出现，并且因为林地的传统经营管理制度被消解，大量官僚资本进入该产业，而官僚资本的非正规运作又对当地林业带来损害，加剧了当地民族的社会分化。①

林业虽有赖于自然生长状况，但开发经营的新模式增加了地方社会财富的总和——在此我们暂不讨论财富的流向，不合理的分配制度则拉开了社会的贫富差距，当地民族实际上处于林业经营的最低端。

从清代到民国，滇西北茶马古道上的贸易培育出一些当地的

---

① 孙兆霞：《20世纪上半叶清水江流域苗侗社会的多重现代性考察——以林业开发制度为例》，载《中央民族大学学报》，2010年第2期。

经商大户，他们甚至把商行开到了印度的加尔各答，而那些资本较小的店铺、作坊则直接成就了这条商道上的繁荣景色。我们需要注意到，茶马古道连接的两头都不是经济繁荣地区，而沿途的崇山峻岭大大增加了货物的运输成本。所以，该条商道虽然沟通了当地各民族的必需品的有无，但货物的通行量却并不大，当地社会的集镇相较于东部地区更少，规模更小，虽然促成工商业从农业中分离，但这些工商业主多是小本经营，尽管劳动的具体方式多样，但整个社会的贫富差距却无法拉大。业主与农业生产保持着千丝万缕的联系，社会分层界限模糊，两性角色差异没有发展成为普遍而深刻的社会性不平等。这从滇西北横断山区各民族的生活方式中可窥见一斑。

西南地区由于各种原因，即便在近代有了一些工业，但其畸形发展也是不容否认的。“云南近代工业化的进程是以国际市场为导向，其特点是以满足西方殖民者对消费市场的占有和矿产资源的需要为目的的。这两个特点决定了这场工业化所引起的文化变迁的主要领域和区域……使工业的发展在相当长的时期内对民生部门影响甚微。在这些领域内，工业化引起的文化变迁相对迟缓”。[①] 在昆明这样的省会城市尚且如此，那么，那些乡镇及与外界几乎隔绝的山村则更是与工业产品无缘。一口铁锅、一枚缝衣针都是难得之货。多少药材、兽皮才能换回在城市里寻常的日用金属制品？

多年来我们只是从政治的角度观察土司制度，如果全方位地看，土司制度对西南民族地区的影响同样渗透到社会生活的方方面面。在原有的社会等级制度完备的民族社会中，如藏族社会，土司及衙署人员的地位并不是最高的，活佛才是各自社会中的最

---

① 李晓斌、王燕：《云南近代工业化进程对文化变迁特点的影响》，载《西南边疆民族研究》第6辑。

高等级，但在其他民族社会中，如土家族、景颇族、纳西族等，土司阶层成为最高等级。由于土司也是传统社会中的首领，国家行政中完备的等级秩序使西南民族传统社会中支配与被支配阶层的相对模糊的界限趋于清晰。这一点在彝族社会中表现尤为明显。兹莫既是彝族传统社会中形成的首领，后来还是朝廷赋予职权的土司，成为凉山彝族社会中的最高等级。[①] 更为重要的是，土司阶层通过行使特权，使有限的物质财富、社会资源流向本阶层，形成虽然生产水平较低但社会等级却相对分明的状况。民居、服饰在保留其各自文化特点的同时，也体现出一定的等级差异。

在劳动力可以自由流动的前提下，个人控制资源的愿望与能力增长，平等成为人们清楚、明确的追求。但在财富可以快速积累的工业时代，社会性不平等犹如幽灵，虽然抛却了明目张胆的等级制，却凭借着强大的经济势力与权威制造这个时代新的不平等。某些不平等现象虽然不似封建时代等级制所能达到的残酷程度，但其“冷水煮青蛙”的存在方式更具隐蔽性和普遍性。[②] 现今一些地方借土地增减挂钩、“双置换”政策致使农民丧失土地承包权与宅基地，就是一些人借用了发展的名义，对农民生存权造成侵害。[③] 而在所谓“新全球化时代”，也就是人们空前合作的时代，强调的是利益面前人的理性的重要性，这是因为各种差异的存在需要人们相互平衡和弥补。可是，在心灵和复杂的社会机制的作用下，“差异”将如何继续走向“本质的平等”？

---

① 陈永龄主编：《民族词典》“兹莫”条，上海：上海辞书出版社，1987 年，第 841 页。

② 把青蛙丢入热水，青蛙会跳出来，但如果将青蛙放进一锅冷水中，再慢慢加热，青蛙却浑然不知。

③ 邓瑾：《消灭村庄？——中国新城市化之忧》，载《南方周末》，2010 年 10 月 14 日。

四、物质形态演进与人类自我认知变化互为表里

我们习惯于为我们的行为寻找身外的原因，但总缺乏反省，也许我们不是有意如此。人对自身的认知虽艰难却也执著。“通神迷狂是具有人类普遍性的一笔精神财富”，“进入通神的迷狂，犹如浴火重生的凤凰，是人的精神重返神圣本源的途径”①。考虑到各民族都有或有过自己的通神巫师，就不难理解我们对自我的追问其实是何等的执著了。

地理决定论作为文化人类学的一个流派，产生后就很快遭淘汰，道理不必多说②，但对具体的人或者社会的变迁，我们经常不由自主地陷入社会环境决定论，由历史、传统、文化背景、时代特征等的共同影响来解释目前的状况③。这虽然是认知事物的

---

① 叶舒宪：《文学人类学教程》，北京：中国社会科学出版社，2010 年，第 129 页。

② “现代世界不平等的根源却要追溯到史前阶段”（第 14 页），“为什么在不同的大陆上人类以如此不同的速度发展呢？这种速度上的差异就构成了历史的最广泛的模式”（第 5 页）。文明的物质基础包括自然与人类的生命体，对前者的认知我们要抛弃地理决定论的影响，对后者的认知则要肃清种族主义的余孽。地理决定论早就被丢进垃圾筐了，但地理因素对早期人类社会的影响我们却一直认识不足，并且有的影响一直延伸到现在（［美］贾雷德·戴蒙德著，谢延光译：《枪炮、病菌与钢铁——人类社会的命运》，上海：上海世纪出版集团上海译文出版社，2006 年）。

③ 比如我们总是一厢情愿地认为，只要支援了西部民族地区的建设，在这些贫困落后的地方铲除旧制度、旧观念，建一些大项目，拉动当地的经济，就能实现边疆与内地的和谐互动，并以施恩者自居，但却忘了民族地区民族社会不是不变的存在，他们有他们的“自由意志”。用时代、环境、历史来认知事物，会给我们带来某些“有把握”的感受，是内心稳定感的来源，具有普遍的认知意义，但社会的某些飞跃性变化往往是“例外”造就的，否则，我们就无法理解养尊处优的净饭王子如何成为超度众生的佛。

关键，但不是全部，而忽略的恰恰是作为当事人或者社会的能动选择：同样条件下为什么不同的人或社会会有不同的选择？因为经历也好，相互影响也罢，都必须经过当事人或社会的归纳总结而后才影响他们做出决定。在此过程中，“由于人类先天和后天的能力不同，会对环境的调整产生区别”①。

韦伯的《新教伦理与资本主义精神》，“告诫人们，不要仅仅从经济学的视角来观察整个世界的演进，应该把维度和眼界都放宽一些，文化和文明的模式，以及意识层面的那些观念和信仰，同样会给人以无穷无尽的力量源泉”②。

所以，全部社会主要呈现出的是两条脉络的交织演进：作为文化表征的物质形态的演进和作为文化内核的人类自我认知的变化，前者关乎科学，包括自然与社会科学技术，我们很容易就由物追索至技术、制度、价值观等；后者关乎心灵，与宗教、文学、艺术相关。③ 如果不能对这两条脉络的交织演进有所认知，人类社会所有的劳动与蚂蚁的劳动就没有本质的区别，平等亦无从谈起。④

---

① 米塞斯著，聂薇、裴艳丽译：《人类行为的经济学分析》（上），广州：广东经济出版社，2010年，第280页。

② 季国清：《文化嬗变的时代色彩》，北京：人民出版社，2008年，第67页。

③ “科学”习惯上被我们理解为有实际功用的知识与技能，直接对谋生带来好处，应该积极学习。但实际上，科学的最核心价值恰恰是科学本身。而所有关乎心灵的追问，都被我们认为是“无用之用”，一直被忽视。殊不知，正是这些“无用之用”才能慰藉、润泽、圆融我们的人生。人就是这样一种必须活在自己想象的意义之中的动物。

④ 用技术手段来验证心灵，失却了心灵的丰富性与复杂性，用心灵来感知技术，失却了技术的严谨性与体系化，但二者又时常交织在一起，我们生活的庞杂混乱由此可见一斑。用“中华民族多元起源说”来驳斥“天下一家”观，就属于用技术来化验心灵的行为。再比如用生物医学的细胞分子学说来解释非西方社会医学实践中的仪式疗法与叙事疗法等医疗行为，亦属此类［张有春：《人类学视野中的民族医学疗效评价》，载《中央民族大学学报》（哲学社会科学版），2011年第3期］。

在尊重文化多样性的潮流下，当今人们逐渐形成了某种认识，深感对文化难以评说，而且不能评说。由于文化具有明显的稳定性，“用文化来解释一个群体或一个国家为什么没有富起来，是招人反感的……如果我们要从文化上解释一些群体为什么落后，我们又怎么能指望他们一变落后而为进步呢”①。人们面对特定情境需要做出抉择时，既不是出于恶，也并非出于善，或许充满了机会主义色彩，或许是深奥的“自由意志”②，或者说是出于自私的动机，这个“私”既指针对个体的私心，也指针对所属特定利益集团的制度性倾斜。所做出的决定是否正确、恰当，却不是在短期内所能下结论的。“由于认知力有限，对环境的知识又不完善，人们不可避免地会做出一些不尽妥当的决策”③。如果以“文化”论英雄已被普遍认为不妥的话，换种说法可能会让人们易于接受：每个群体都有对自我的认知，但认知的方面和程度是不一样的，“自我”的完全、深刻的觉醒需要一定的外部条件。就像个体的成长千差万别一样，虽然人对自我心灵的感知具有普遍性，好像一粒被深埋于土壤中的种子，都有发芽和成长的内在机制，但能否顺利发芽和成长则直接决定于外界的湿度、温度与光照度。

人们考虑问题总是不由自主地先从自身出发，婴儿的喜怒也只与自身的舒适与否相关。人类是因为认识到合作带来的广阔发展前景，认识到利他也就是间接的利己，才有了用各种习俗、制度、法律及道德准则把个性千差万别的人黏合成为不同的群体的。所以，虽然都是表现为社会财富的总量增加，但在人的“私

① 内森·格来泽：《解构文化》，载《文化的重要作用——价值观如何影响人类进步》，北京：新华出版社，2010年，第279页。

② 米塞斯著，聂薇、裴艳丽译：《人类行为的经济学分析》（上），广州：广东经济出版社，2010年，译者序。

③ 罗伯特·埃杰顿：《传统信念与习俗：是否有一些比另一些好?》，载《文化的重要作用——价值观如何影响人类进步》，北京：新华出版社，2010年，第182页。

心”的忖度中，数千年前甚至更早，它催生的是不平等的社会制度，而在四五百年前，它催生的却是人人生而平等的价值观。对这个现象，除了用社会发展进程来解释以外，与人类的心灵史难道就没有一点关系吗？“是思想创造了历史，而不是历史产生思想”①。而思想的本质是自由。

正是对“私心”的尊重，我们开始学会了允许表达从前被认为是见不得人的内心想法，不再盲目认同祖宗先例。或者可以说，从物质的角度看，社会财富的积累导致社会性不平等的出现，工业社会财富的可移动与迅速积累导致人类对平等的追求。而从人自身的发展与自我认知看，正是对“私心”的体会与认知伴随了从社会性不平等走向追求社会性平等的过程。以往我们过于强调社会发展进程对人的影响，但社会过程本身在影响人的心灵的同时也受到人的心灵感知的模塑。如果在这个过程中不把人的主观能动性考虑进去，那么，所有的行为都有着时代与环境的五花八门的解释。很多犯罪行为，甚至是反人类的行为岂不都可以被开脱出来？而那些为了他人不惜牺牲和奉献自己的人就无由得到人们的理解与尊重。②

---

① 米塞斯著，聂薇、裴艳丽译：《人类行为的经济学分析》（上），广州：广东经济出版社，2010年，第67页。这句引言充满了历史唯心主义的色彩，与我们所习惯引用的“历史的发展是不以人的意志为转移的”大不相同，如果真如后者所言，那么，历史发展中人的意志显然是多余的，但事实并非如此。人类社会文化的演变是有一定趋向性的，这是人类意志抉择的结果，是思想创造了历史，但意志中的蓝图与经过努力后的真实结果是有偏差的，有距离的。所谓物质与心灵的交织演进也正表现于此。

② 通常人的行为、想法可以通过他所处的环境、时代和他的经历来推测，但人的行为又具有某种不确定性，我们很难用上述方法来理解养尊处优的净饭王子是如何成为佛的，我们也同样无法由此来解释倚红拥翠的贾宝玉为什么出家。我们对自己心灵世界的深奥难测其实无能为力。《南方周末》（2011－11－16－F32）摘登了刘瑜发表在《新世纪》周刊上的文章，讨论“恶之平庸”：当上级命令传达下来，下级就去执行。如果有一天有人追究罪责，下级就说，我只是在执行命令而已……现实中，有多少人经年累月地藏身于各种制度化的角色中，而其人性又在角色不断内化的过程中一再萎缩。

社会性不平等的体现与追求平等都需要相应的物质基础与社会基础，并以一定的人类自我认知作为前提。如果说如何更为有效地组织各种经济活动、创造并积累社会财富，在不同民族的文化传统中缺乏可比性的话，如何分配社会财富则是一个与平等、与人类自我认知深为相关的问题。当强势的行业和强势的从业阶层为了自身利益，也就是出于“小我”的目的，使利益分配机制向自己倾斜时，技术操作上虽然没有什么困难，但不平等的事实在积累了一定时间到社会承受的临界点时，就会威胁到社会的稳定。社会一旦失序，没有哪一个阶层能够真正谋求到自身利益的最大化。

我们的社会发展到今天，财富在社会成员中的分布格局成为衡量一个社会公平与公正的最显而易见的尺度。实际的财富分配格局才是一个社会对公正、平等所持态度的真实表达，而不是那些法律文件中属于单方表白的僵硬条文。

性别分层也受到物质演进与社会公正的影响。以今观之，人们都认为遇事先从自身角度考虑，是正常的反应，是无可指责的。在两性角色关系上，这也已经成为通行的调节原则，前提是两性有相同的机会获得财富与发展机会。既往表现出的性别分层，只是对上述心灵与物质相伴随的过程中表现于两性角色差异上的一种归纳：性别差异——劳动分工——性别分层——刻板观念，但这种归纳本身也具有阶段性特征。在传统农业社会，随着财富的积累和资源利用水平的提升，性别分层是明显而公开的。而今，两性分层的表现趋于隐蔽，尤其是在都市，这既是人们对性别应该平等的认识已经普遍化的缘故，但相反也说明性别平等面临很多实际的困难，并淹没于纷繁的其他类别的社会不平等现象中，而且都市和乡村的性别差异现象及其原因也是不同的。

需要时刻明白的是，性别分层是社会不平等的表象之一，所以，本章大量篇幅是从社会性不平等的角度来为性别差异的演变做一个背景支撑的。两性的相互认知与沟通还受到人类普遍交往规则的影响，面对未来，谁也不能自信地预言它的发展方向。因为“终极隔膜”的存在，因为先天差异的存在，因为每个人心灵世界对外部世界的反映各不相同，今后两性社会角色差异的表现形态也许无法归纳出主要的类型特点，这似乎也印证了后现代社会的“无序”状。

第六章　婚姻形态多样而本质相同

中国西南地区各民族文化的多样性如今已经得到世人的极大关注，其多样性还突出地表现在婚姻形态上。[①] 但外界的大多数人痴迷于这些纷繁的习俗事象，把它们当作对单调生活的装饰。而从学术研究的角度看，相当多的讨论，只是把这些婚恋习俗的缤纷事象罗列出来就止步了。其实，我们的生活也许没有想象的差异大，可人们却通常在异于自己的各种表征前止步，这源于对未知和陌生有意回避的普通人的普遍心理与行为取向。

目前尤其是城市中，在传统的婚姻家庭结构形态正面临重大变化的时候考察一下西南地区各民族传统的婚姻形态，尤其是考察一下处在这些婚姻形态中的男女，我们会发现，实际的情形远非几个概念可以概括，但从婚姻本质的角度看，又表现出某些高度一致的特性。

一、婚姻存由

婚姻是一种普遍而又长期存在的世界性现象，而婚姻制度是

① 本书中的婚姻、婚姻形态、婚姻制度三种提法，所指的是同一个事象。“婚姻”是一个抽象概念，笼统指建立于两性关系之上的那种相对稳定的社会关系，类似于“水果”这样的抽象概念，而各种具体的婚姻，如一夫一妻、走婚、不落夫家则犹如苹果、梨、桃，所以，“婚姻形态”也是从婚姻的实际存在样态的角度而言；“婚姻制度”则是从社会约定俗成而个人不能随意改变的角度来认知婚姻。当然，这只是作者在行文中的粗略定位。

特定群体以特定方式认可的两性关系。婚姻虽然是以自然的性关系为基础形成的社会制度，但更强调的是这一关系所承载的社会功能。

我们在做两性关系及婚姻家庭研究时，基本上不考虑一个人为什么要有婚姻、为什么缔结婚姻是绝大多数社会中绝大多数人生活的必由之路。哪怕到了今天，即使有一些人不结婚，但他们中也有部分人曾经或者说一直在期待婚姻。所以，“为什么要有婚姻”是婚姻家庭研究首先需要回答的问题。

此前的研究结果给了我们提示，乱婚是不能称为婚姻的，这实际上只是一种无知无觉的性关系，从文化的角度看，也毫无意义，对其是否真实存在一直有争议。学界普遍认为从血缘婚到氏族外婚是一个世界性的现象，过去认为那时的人放弃血缘婚而规定氏族外婚，是已经认识到近亲婚配的恶果。但正如怀特所说，近亲婚配既然能遗传坏基因，当然也能遗传好基因，他认为血缘外婚的根本的目的是通过超出血缘的婚配，达到扩大并组织群体的目的，这也正是乱伦禁忌产生的原因。① 另一位美国人类学家墨非也有类似的解释：“在简单的功利主义立场上根本无法解释婚姻。婚姻是基本的人类互惠性的产物和表现，是社会群体间连接的纽带，是最完全意义上的联盟。”② 如果仅仅是为了生育、养育后代，没有婚姻一样可以完成。但我们自以为熟知的母系大家庭③，却不能说没有婚姻，只不过这样的婚姻形成的是“内卷式”

---

① ［美］怀特著，曹锦清译：《文化科学——人和文明的研究》，杭州：浙江人民出版社，1988 年，第 289—314 页。

② ［美］R. F. 墨非著，王卓君、吕迺基译：《文化与社会人类学引论》，北京：商务印书馆，1994 年，第 101 页。

③ 很多保留下来的母系家庭虽然不存在夫妻共居形式，但孩子养育实际上得到父亲的很多帮助，根本不是“只知母而不知父”，而养育后代是由整个母系家庭完成的，也超越了夫妻共居形式的养育方式。应该说纯粹的母系家庭只存在于理论中。

家庭，犹如寒气袭来，卷曲身体，裹紧衣物。这样的家庭结构难于向外延展，也许就是因为在高寒山区，既要靠多人手来完成一定范围的劳动分工，但地形地貌显然又局限了大规模社会的结成，或者也许尝试过，但高昂的维持成本使大规模社会的结成止步不前。[①]“内卷”，即一种与之相对应的状态。这种情形下，女性在家庭内获得更多的能力发展空间，男性在这类社会的生存与发展中不得不被挤到一个边缘地带，社会没有超越家庭去形成对男性权力的支持系统，男性因此而不像在“外延式”家庭，即父系制家庭的社会中那样拥有对女性的支配权。

与母系家庭相对应的有父系“长房”，存在于云南西部山区，它也实现了简单的劳动分工，在合作的基础上形成了某种凝聚力，但是在父系制下，同样是氏族外婚，其婚姻家庭则是外延式的。母系家庭的“内卷”与父系家庭的“外延”，使建筑其上的社会呈现出不同的状态。即母系家庭只具有时间上的延续性，而父系家庭不仅具有时间上的延续性，而且还有空间上的延展性——以接纳儿媳妇、嫁女儿为标志。正是父系家庭，衍生出“父为子纲”这个在今天被广为诟病的规则。[②]但父系家庭的社会意义也正在于此。

在此把它总结为一句话：在漫长的生产力低下的年代，正是外延的婚姻制度把一定地域的人类结成了一个有不断扩大趋向的

---

①　从这个角度也可以帮助我们理解西南地区的土司制度为什么能够长期存在、土司的级别多而管辖范围大小不一。具有强大力量的政治制度都无法在西南地区保持统一的形式，而要靠灵活机变的土司治理，更何况在自然磨合状态中形成的婚姻制度，其“不规则”形态才是与复杂环境相符的正常互动的结果。杨庭硕、杨曾辉：《改土归流：土司家族政治命运的转型》，载《中央民族大学学报》，2011年第6期。

②　父子关系是自然关系，但父为子纲却属于社会规则，与母系制不是母权制道理相同。

共同体。[1] 性及繁衍后代是人的自然属性，以约束自然属性（规定符合本社会认可的性对象）来谋求更多的各种利益，即把不同的人们组织在一起，其最重要的标志就是生育出具有共同血缘的后代，在形成外联力的同时产生凝聚力。

这是人类对自身自然属性的一次重大约束，在此我们难以考察的只是外婚与结盟究竟孰为先孰为后。这个问题犹如先有鸡还是先有蛋一样，恐怕永远难有令人信服的答案。

婚姻制度的本质特征是结盟，不仅是当事男女的结盟，更重要的是他们各自所代表的两个家族、氏族，甚至是国家的结盟，所以才将缔结婚姻称为秦晋之好，才有和亲之举。这一本质性特征在从近代以来的欧洲宫廷的王室婚姻到我国西南边疆两个少数民族青年的结合中都是一种普遍属性。结盟是人类为改善生存方式和生存环境的社会的——亦即文化的方式，是人类组成社会的基本方式之一。所以，绝大多数婚姻的缔结仪式也是隆重而盛大的，否则，仅仅只是一男一女的结合有何必要如此大张旗鼓地举行仪式。婚姻中的“六礼”，繁琐而漫长，只不过是对这种新关系的次第确认。今天有些人更愿意视婚姻为当事男女的事，选择两人认可的庆祝方式，即便大张旗鼓，目的更在于广而告之，而非只为庆贺两个家族结盟。但也由于婚姻的深刻的社会属性，即便在今天，它也不完全只是两个人的结合。过去有的民族的婚姻缔结仪式甚至延续数年。苗族通常在秋收后的农闲时节缔结婚姻，但女方此后主要居住在娘家，来年二月方与男子同居，之后仍然回娘家，打谷时节，到婆家帮忙，转年插秧时，再到婆家，

① 共同体本应该是一个很宽泛的概念，可以从血缘或地缘的角度来看，如家族、乡党；也可以从文化、经济或政治等角度来理解，如摩梭人、农民、“九三学社”、同事或同学、汉族。

此后方常住婆家。此俗即不落夫家。[1] 整个过程绵延数年，期间两个家庭你来我往，根据新的关系，所有成员各自寻找新的位置，突出强调的是两个家族郑重其事的结盟。[2] 这也正是人的社会属性的体现之一。

乱伦禁忌与氏族外婚是同一件事的两面，为何亦普遍存在于世界各民族中，数十年来众说纷纭，一说是人类互惠的产物，是完全意义上的联盟；也有说是人类的心理特点使然——一起成长的男女有心理障碍。我国春秋时代贵族就有明知是兄妹而乱伦的记载，所以，所谓的心理障碍也是因人而异。而一旦社会文化行为相沿成习后，常与生理、心理相交织，于是对上述现象的解释终归是莫衷一是。

其他重要结盟方式，经济方面的如出现社会分工，然后促成交换劳动产品，因而形成日益复杂的社会网络。而不同家族、姻亲间远近亲疏的关系则在与一方交远的同时促进了与其他方的亲近关系。社会网络的编织不会停顿下来，只不过是织法会有些不同。社会结构的日益复杂与结盟方式的多样化、复杂化或许可以说是结构各方多向互动的结果。

婚姻制度的本质是结盟，也体现在低婚龄上，中国历代的相关规定为男约16岁，女约14岁。[3] 须知这是按属相、虚岁算的，按今天的周岁算法，则还要小。比如一个10月份出生的属牛孩

---

① 这个习俗的学名为“不落夫家”，但从内容来看，显然不是不落夫家，只是延迟时日罢了，从中可见社会对女性身份转换的体恤，当然，我们也可以理解为是当地“从夫居”过程的艰难。我们也许可以由此推测，苗族先前也许奉行走婚制，不落夫家而居母家，后随着男权明确，女性必须落到夫家，不过是延宕时日罢了。因为目前尚缺乏这方面的材料，我们难以判断不落夫家之前的婚姻家庭状态。

② 刘峰、吴小花：《苗族婚姻制度的变迁》，载张跃、何明：《中国少数民族农村30年变迁》（下），北京：民族出版社，2009年，第238—254页。

③ 史凤仪：《中国古代婚姻与家庭》，武汉：湖北人民出版社，1987年，第85页。

子，到下一个牛年，民间通常就说已经13岁了，但如果在牛年的10月以前说这话，那么孩子实际连12周岁都不到。[①] 帝王及贵族的婚配更是突出了结盟的特点，他们的结婚年龄有的甚至不到10周岁，这样的早早婚配显然与尽早养育后代无直接关系，而是由牵涉两个集团的利益所致。但婚配的必然结果就是生育。应该说婚姻制度是人类历史上意义最为深远的社会制度，基于自然，面向社会，也是最为说不清楚的社会存在。

既是结盟，各自让渡自己的部分权利当然地成为携手的前提条件，其实也简单，就是互为依靠。具体到两个当事人，在物质匮乏的早期，首先受到规约的就是性，社会发育程度越高，可让渡的内容就越繁杂。其实，中文“制度”在字面上就已经包含了“约束”之意。而婚姻在后来演变的实质就是这些所能让渡的权利的变化。然而，人们拥有什么样的权利？哪些权利是可以让渡给配偶及其家族的？让渡多少？如何让渡？数千年的变化、不同人们群体之间甚至个人之间的差异实在难以言尽。

从性的方面看，时至今日，对女性的约束更多，但从角色的社会期待上看，男性受到的期待更多。俗语说“没有嫁不出去的女子，只有娶不到老婆的汉子”，即指女性凭性别出嫁，男子凭能力娶妻，表明社会对女性的期待要求女性所偿付的努力要小于男性对自身社会期待所要付出的努力。换句话说，社会为女性成

---

① 因为这个计数年龄的方式，所以，我国也没有给未成年人过生日的传统，我的很多长辈都记不清自己的出生日子，如果正好是在农历的年底，再换算成公历，他们就更是一头雾水。而老年人过整寿，也是一种荣耀，是本人或子女拥有一定功德的象征，不是任何人都有资格、有条件过寿的。

为妻子、母亲而设置的“门槛”低于男性成为丈夫、父亲的“门槛”。[1] 亦即我们通常所说的“男强女弱”及男主外女主内的分工模式。

当然，婚姻制度虽旨在结盟，却并不是一开始就目的明确的。“这个开始”也许相当偶然，但既是“这个开始”，而不是“那个开始”，那么往后的一切，都是从“这个开始”而开始的，并会打上“这个开始”的印记，即所谓的文化DNA。[2] 实际上，许多人类社会早期的制度今天仍然存在，或是变通存在，因为它调整的是人类社会的根本关系。

随着人类对自身控制的加强，婚姻的社会属性日益占据优势地位，婚姻中权利让渡的契约特点也日益突出。买卖婚是谈妥了条件的，抢婚则是对约定俗成条款的违背，但双方家族也就有了关系。需要强调的是，千百年来被广为传颂的所谓对爱情的忠贞，仍是基于权利的让渡——保持忠诚才可望得到配偶及其家族的支持或帮助。这本来是利益互换，而一旦上升为情感互换并形成传统后，人们就以具备这样的德行为荣，如此，文明人的“虚荣心”可得到满足。而随着男性在社会公共领域逐渐占据支配地位，这种权利让渡的不平等性日益突出并得到社会的认可，即忠诚成为男性对女性的单方要求。

在今天较少涉及其他家族成员的情况下，婚姻是不是能够更尊重人的自然属性呢？不！过去个体与乡村、民族、国家之间有家族上下连接，婚姻的社会连接作用显而易见。而在今天，家族

---

① 这个差异通常被我们所忽视，但对最为多数的家庭来说，这却是个常态，这个常态既衍生出对女性跨出家庭谋求自我发展的限制，也无可置疑地成为女性人生的避风港。但这只是认知上的分类，对一个具体的女性而言，我们很难分清哪些是限制、哪些是庇护。比如当一个男子深情款款地对自己喜爱的女子说“这辈子我不会让你受苦”一类话的时候，“不受苦”是限制还是庇护呢？

② 参见本书第三章“口传文学与两性角色差异”。

的连接作用已趋于消失，但个体与社会、民族、国家之间有更多的形形色色的通过社会分工形成的契约存在①，如从幼儿园就学起的公德、公民准则、职业要求、学校或政府宣传部门的教育、媒体的舆论监督、现代的法规与法律，传统也在很大程度上起作用。除上述因素外，还有人类最为深奥的心灵世界在影响人们的行为，在人类越来越依赖于文化的今天，婚姻的社会属性只可能变得更为复杂，更为强大，但也更为隐蔽。

那么，中国西南各民族的婚姻是否也遵循了这样的特点呢？我认为是遵循了的，婚姻关系松散如走婚，也是暗含了权利的相互让渡的。而我们所易犯的一个错误是，仅仅把这种权利让渡放在一个小家庭中来评价，忘记抬头在一个更大的范围、更长的时间内来审视这份权利让渡合同的深远功能。这个范围可以扩大到地方群体、民族，甚至国家的高度；这个时间可以长到两三千年。婚姻制度决定了一定的家庭结构，有的婚姻制度重视婚姻本身，如近代以来的西方家庭结构以夫妻为主；有的婚姻制度重视家庭，以纵向的血缘延续为家庭结构的干梁，“走婚”就是如此，汉族的婚姻制度亦是如此，只不过前者为母系、后者为父系罢了。

现代文明认为婚姻是私事，而一个群体超过五分之四的人都有婚姻，那么从社会管理的角度看，这显然就不是私事了。中国在先秦时期就已经意识到婚姻与国家发展之间的关系，历代都有法令规定婚姻的年龄及大龄不婚要另行征税。

婚姻的实质是结盟，结盟的要件是稳定，所以婚姻追求的也是稳定，而不同血缘合为一体的后代就是这稳定的象征。中国传统婚礼上的祝词是“百年好合”、“白头偕老”，推崇的是长久，

---

① 现代社会的人们群体是多种多样的，如老乡、同学、邻居、同事、客户，或者俱乐部、行业协会、职业群体、党派等，直至民族、国家。

而很少针对夫妇情感如“永远幸福”之类，恩爱是婚姻关系上的附加物，有或没有都不影响婚姻关系的实质。所以，“爱情也不是婚姻和家庭的基础，不管这种观点多么受人珍爱。没有一种文化会把像爱情这样短暂易变的情感作为某种重大制度的基础”①。2008 年“5·12”汶川大地震后，出现了很多重组家庭，“其实，并没有那么多的温情，也没有那么多的浪漫，重组家庭是一个极其现实的话题，对异性的需要，对基本温暖的需要，对家庭秩序的需要，甚至是对一个看家护院人的需要，对一碗热饭的需要。但你不能说，基于这些需要的彼此选择，就意味着情感因素的缺失”②。在大灾难中如此，在日复一日的平常生活中难道不也是如此吗？

有的人认为清贫、寻常的生活中，才需要夫妻相濡以沫，其实这个容易做到，我们周围随处都是；但富贵的夫妻要结成融洽的关系显然难得多，因为干扰的因素要多得多。③ 有的人追求刻骨铭心的情感，这没有错，关键是没有那么多人有机会拥有刻骨铭心的情感。从社会的角度看，按部就班、波澜不惊是保障社会稳定的基本途径及其表征。现今虽然有的人不结婚，离婚率大增，但社会的高度分工已经使社会高度组织化，婚姻的结盟功能已经退居隐蔽状态。

走婚算是稳定的，因为这是从更大范围来看的，走婚的结果是形成母系家庭，这才是当地传统社会维持稳定运转的中流砥

---

① ［美］怀特著，曹锦清译：《文化科学——人和文明的研究》，杭州：浙江人民出版社，1988 年，第 306 页。

② 徐楠：《这是一种更有质感的心里需要》，载《南方周末》，2009 年 5 月 7 日，A16。

③ 因为他们拥有的财富与资源使性别分层成为可能，财富与资源成为标榜他们身份、地位的尺度。参见本书第五章“财富积累与性别角色差异”。

柱。幸福不是婚姻追求的目的[①]，但对芸芸众生来说，心怀叵测、穷凶极恶者毕竟是极少数，绝大多数人在日复一日的共同生活中有了相濡以沫、相依为命的情感，这才是正常的，故而幸福也成为婚姻当事人的另一种附加的期待。后世给婚姻涂抹上浓烈的情感色彩也正是基于此，这些炫目的色块成为现在我们所推崇的婚姻的外包装，我们也一厢情愿地从这个角度去认识婚姻制度的渊源及其存在的功能。这真是各说各话，风马牛不相及。

与血缘外的集团缔结婚姻，是社会合作的重要一步，在此框架内，“成员之间会产生同情、友情及归属感。而这些情感是人类最愉悦和崇高体验的源泉，它是人生最美好的装饰。是它们将人类由动物界提升到真正人的存在”[②]。当然，这句话是针对工业时代的社会分工合作而抒发的感慨，但这些情感显然有更为久远的源头，虽然把这些情感称为“人生的装饰”，但也正是这些“装饰”把人与其他动物区别开来。

结盟本身就是定出各种规矩，把大家都得不到好处的“混乱状”变成大家都能各有所得的“井然”貌，即所谓的“共赢”。所以，也可将婚姻制度看成是一种使社会有序化的方式。社会发育水平不一样，有序化的程度也不一样，达到有序化的方式当然也是多样的，有效即可行。

婚姻制度既是对人的自然属性的约束，是男女双方及其家族利益互换的条款，在运作中就会有约束不住的事情发生，所以，在西南地区还有一些涉及婚姻生活的弥补方式，由于与主流话语相悖，它们在民间以一种彼此心知肚明的方式存在。比如，过去

---

① 或者说，婚姻的目的不仅是两个人的幸福，还要保障两个家庭、家族的和睦关系，这对婚姻显然是一个过于沉重的期待。

② ［奥地利］米塞斯著，聂薇、裴艳丽译：《人类行为的经济学分析》（上），广州：广东经济出版社，2010年，第126页。

一些节会上允许已婚两性有婚外亲密接触，人们也有意回避配偶的婚外情。过去一些研究认为这是古老婚俗的遗留。这其实是似是而非的解释。你能把城市里的婚外情也解释为一种古老婚俗的残余吗？对此，也许从人的普遍心理特征来解释更为合理、可信。客观上，山村里这样一种宽容的态度也维护了实际婚姻的稳定，并给隐忍操劳的人们向往一点纯粹的情感生活留下了空间。但这个道理如果放到城市里，也是不合适的，因为城市里的女性与西南山乡里的女性处境完全不一样。

这是本书探讨中国西南各民族婚姻形态的基本前提。

二、西南各民族婚姻形态

中国西南地区各民族传统婚姻制度包括普遍存在的一夫一妻，另有一夫多妻、一妻多夫、走婚等，招赘、缓落夫家（专有名为“不落夫家”，但实际上还是落了的，只不过其过程要延续数年时间）习俗普遍存在。传统节日及婚嫁庆仪中的歌舞狂欢成为男女婚前自由交往的契机，很多民族有独特的恋爱习俗，社会不歧视婚前生育子女。

我们再来看这些婚姻形态分布的地理特点。一夫一妻制广为分布，不落夫家主要分布在云贵高原东南，其他婚制主要分布在高寒山区及边远难于与外界沟通的地方，我们直接就会得出结论说这与文化交流有关。但婚制还是一个把人的生育纳入社会行为的制度，特殊的地理环境需要特殊的生育模式，有的婚制有利于多生孩子，有的则有所限制。这方面的研究还有待深入，但一妻多夫、走婚显然都限制了生育，而需要限制生育的多是那些生态脆弱、生存环境恶劣的地方，比如高寒山区。极低的人口承载能力必然会反映到该群体的社会文化体系之中，利用已有的制度，并产生新的影响。比如，结果都是限制了生育，但或者表现为一妻多夫，或者表现为走婚。一妻多夫与半农半牧的经济生活相协调，走婚因能较好地沟通不同的经济区域而与赶马帮的生计相吻合。[①] 其他控制生育的手段与婚制无关，在此不提。

中国西南各民族的婚姻之所以呈现出这样复杂的形态，是偶然的，也是必然的，我们不能一提到他们的一些与内地迥异的婚俗，就简单地断定是当地古老婚姻习俗的遗留。本来文化遗留"这个概念曾被广泛地讨论过。残留大多是一些习俗……但是它们的价值已经改变"[②]。这就是说，即使是残留也是改变了的残留。可见，此婚俗非彼婚俗。但在国内以往研究不同民族婚姻制度的莫名其妙的语境中，所谓"古老婚俗的残留"成为"原始"、"粗鄙"的同义词。这是一种文化选择[③]，是在最近的数百年中，在与王朝倡导的婚姻制度的"推手"过程中当地民众结合自身社会及自然环境所做的一种选择，而在今天生计方式大规模改变的情形下，人们也会做出相应的选择

如果从权利让渡的角度看，不同的婚姻制度不过就是让渡的内容与多少不同罢了，而且在具体的时代及社会背景下，具体的"条款"可能会呈现反复。在此论点下，我们大概可以摆脱进化论的泥淖，同时，把西南地区的多样婚姻制度囊括进来。但不同的婚姻制度却形成了不同的人伦关系，这一关系又成为社会分工

---

① 对一妻多夫、走婚与生育多少的关系，可以把它们联系起来观察，但不能肯定它们之间是一种严格的因果对应关系，只能说是相互影响的因素，或者说是正好可以彼此解释，但事实是否真如此，不知道。行为者是否明白其间的关系，亦不能肯定。

② ［美］奥格本著，王晓毅、陈育国译：《社会变迁——关于文化和先天的本质》，杭州：浙江人民出版社，1989 年，第 83 页。

③ 和钟华：《生存和文化的选择——摩梭母系制及其现代变迁》，昆明：云南教育出版社，2000 年。

的标准之一。

西南地区多样的婚俗首先与这里的地貌有着联系。我们不主张地理决定论，但仅仅这样说是不严谨的。在生产力极为低下的人类社会的早期阶段，地理的决定性作用是显而易见的。地理特点决定了最初的生计方式，给了这个地区文化发展一个基本起点，这就蕴涵着今后其一系列发展变化会有某种特点。当然话又说回来，随着生产力发展到一定程度，同样是耕种，不同地区间是有差异的。比如山地农耕与稻作农耕，湿热山地的梯田稻作与长江中下游地区的集约稻作，这些差异会给各自社会的文化习俗带来一些意想不到的影响，这就是偶然性。为什么在中国境内不同的地理区域内会有这样不同的发展速度呢？这种速度上的差异与中国历史上的地区发展格局之间有什么联系吗？① 回答这个问题显然离不开对地理环境及其影响的考察。

西南地区的群山万壑给生存于此和陆续进入该区的人们一个相对僻静的空间，使本生的和后来的各种文化形态在这里有一个相对超脱的交流过程，形成了一些既似本生又与原状相异的文化形态。西南地区各民族的婚姻制度就是一个典型的例证。

其实，西南地区许多民族的婚姻制度与内地汉族大致相同，即都是两个家庭的结盟，却有若干小处相异。这些小异不是指傣族婚礼上有栓线仪式而汉族婚礼上没有，也不是指彝族婚礼上有娘家哥哥背新娘而汉族婚礼上也没有；而汉族传统婚礼上的大花轿、新娘的凤冠霞帔、跨鞍鞯和火盆等仪式，在西南地区各民族的婚礼上也没有。所有这些都只是表面现象，如果我们纠缠于

---

① 贾雷德·戴蒙德在《枪炮、病菌与钢铁——人类社会的命运》（谢延光译，上海世纪出版集团，上海译文出版社，2006 年）的前言中写道：“为什么在不同大陆上人类以如此不同的速度发展呢？这种速度上的差异就构成了历史的最广泛的模式，也是我这本书的主题。”

此，可以列举出若干这样不同的小细节，这丝毫不能说明汉族与西南边疆各民族在婚姻制度上的差异。

实际上，西南地区各民族的婚姻形态广泛存在着各种不规则现象，这样的不规则现象有的在今天已经不容易看到了，但在清末及民国时期的一些风俗资料中，尚可一见端倪。

“俗淫而善歌，当夏日插秧，四野各声袅袅不断，词句信口而成，滔滔不绝，要皆逗风趣而情情愫者也。唱酬既洽，无须媒合”①，“男女皆少聘，七八岁即婚娶，娶三日妇即归，及长或有子，始还夫家”②，“女在室，蒸报旁通，淫奔无忌”③，“婚姻皆以苟合，孟春跳月，用采布编为小球，谓之花球，视所欢掷之，奔而不禁”④，“少妇亦可交友，丈夫即知道亦佯为不知，不过暗中加以监视，若莫有淫奔的事情，丈夫亦不加以干涉。青年的丈夫，虽穿了女友赠花鞋，妻子亦不询问鞋的来源”⑤，“妇不轻与夫同处，必婿到岳家偷宿，生子女乃归”⑥，“差徭视妇人多寡科派，故一家弟兄三四人只娶一妻……夫妻悦则相守，反目则自择所欲而适焉”⑦。

---

① 《中国地方志民俗资料汇编·西南卷》（下），北京：书目文献出版社，1991年，第821页。

② 《中国地方志民俗资料汇编·西南卷》（下），北京：书目文献出版社，1991年，第864页。

③ 《中国地方志民俗资料汇编·西南卷》（下），北京：书目文献出版社，1991年，第437页。

④ 《中国地方志民俗资料汇编·西南卷》（下），北京：书目文献出版社，1991年，第465页。

⑤ 《中国地方志民俗资料汇编·西南卷》（下），北京：书目文献出版社，1991年，第390页。

⑥ 《中国地方志民俗资料汇编·西南卷》（下），北京：书目文献出版社，1991年，第416页。

⑦ 《中国地方志民俗资料汇编·西南卷》（下），北京：书目文献出版社，1991年，第410页。

综合看这些资料，可以发现一个现象，那就是青年男女在婚前有充分的交往自由，包括性生活的自由，而怀孕生子正好证明女性的健康。这些行为得到社会的认可。而女性一旦正式居住到夫家，就必须恪守约定俗成的婚姻生活条款，保持情感的专一，越轨是要受到社会谴责的，但根据婚前交往的自由及节日中的狂欢状况来分析，这样的谴责还是较汉族社会宽松。但自20世纪以来，变化十分复杂，婚姻既带有强烈的家族结盟的色彩，女性的守贞也被摆在一个显眼的位置。虽说20世纪80年代以后，女性外出的事例已多不可数了，但在西南民族村寨里，传统的力量还是更为有效。

在平原汉族地区，劳动样式相对单一，便于两性分工，男女劳动分工的理想模式是“男耕女织”，两性的分层随男性经济、政治地位的提升而严格。但在地理条件复杂的云贵高原及横断山区，严酷的生存环境要求人们必须靠多样的劳动获取生存资源。在生存的压力下，两性的隔离就成为一种奢侈，生活和劳动中的交往必然地成为男女情感交往的媒介。

从清末及民国的地方志资料看，西南各民族在节日有喜庆狂欢的集体歌舞，男女之间交往又相对自由。费孝通在20世纪20年代的调查中也谈到这个问题。可以说，西南民族的婚恋习俗文化表现出这样一种认识：男女情感转瞬即逝，但作为社会成员的责任则至为重大，在不损害社会责任的前提下，社会也自然对其成员持宽容态度。

明清时期王朝对婚姻的制度化管理已经在这里占据主导地位，但山高皇帝远的局面使通行的“婚姻让渡条款”在当地民族这里打了折扣，所谓“强弩之末不能穿透鲁缟”。同时，由于社会发展速度缓慢，社会财富积累有限，社会公共空间发育不全，也就是说，类似于寨子这样的居住规模，不足以形成社会上的有闲阶层，在社会分工的层面上，没有专门掌管知识尤其是生产知识的成员，许多劳动本身不带有高低贵贱的性质，从事这些劳动的人自然也难有尊卑之别。婚姻规则在此地区对双方的制约作用，也就少了一些主流参考因素，显得宽松了一些。换句话说，成熟的婚姻制度本身暗含着男女劳动的交换，但在西南地区，由于社会财富积累水平低，社会公共空间小，男性可供交换的内容有限，在性权利的专有上也表现出一定的模糊性。在这样的婚姻形态下，民间的继承方式是幼子继承制，这是特定婚俗下男性权利的一种“可怜”表现——因为难以确定长子的血缘。

横断山区的一妻多夫或者一夫多妻，多是兄弟共娶一妻或姐妹同嫁一夫，目的是财产集中，另一个结果是限制了生育，从另一方面反映了当地财富积累的难度，它从经济和生育的角度引导当地人对特定婚姻形态的选择。同时为了避免财富的分散流失，有的民族用收继婚应对，收继的对象包括兄弟的配偶和无子的庶母。这类婚制对家庭成员伦理关系的排序相对简约。

走婚不是摩梭人的特有，摩梭人的婚姻制度也不只是走婚。也就是说，面对同样严酷的自然环境，不同的人们群体，甚至不同的个体对环境的适应性反应是不相同的，不同的人们群体在婚姻制度上会采用不同的方法。这些呈现出不规则形态的婚姻在本质上并无差异，它们是婚姻具体而真实的存在，犹如抽象的“水果”这个概念与鲜艳真实的苹果、桃子、梨的区别。

西南各民族还普遍强调舅权，母亲去世后要马上通知舅舅，舅舅来了要仪式性地质问自家的姐妹是如何去世的。过去通常认为，这是母权制的残留，但母系制不是母权制，母系社会母亲的地位是靠生育来奠定的，这是一种基于自然的机制，不是后天形成的家庭外权利。母系制下如何衍生出舅权来呢？摩梭人家的舅舅也只是居于辅助主妇安排生产与家务的位置，外甥与舅舅共居一家，舅舅替代的是父亲的社会职能，但并不具有特殊的权利。如果从结盟的角度看，对上述现象或许可以解释一二：婚姻既是两个家族的结盟，男权当道下，女方家族当然只能由其父兄来代表，所以，倒是可以说，舅权是男权的又一种现实表现，郎与舅成为两个家族结盟的“谈判代表”，母亲去世，与舅家的以婚姻为外壳的结盟关系需要重新审视与应对，从这个角度看，姑舅互为姻娅，或是单向的姑舅表婚，都是对原有的婚姻结盟关系的二代加固。可见，走婚的结盟功能家内强而家外弱，即内聚力强而外联力相对弱。而男婚女嫁的模式在强调家庭内父系血缘的主干性时，亦使男性在女性的支持下走出家庭，连接起更大规模的社会组织与群体。父系家庭的合作性就是社会合作的缩影，父系家庭里微妙而复杂的成员关系也是各种社会关系的写照。

三、秩序与桎梏

人类社会早期制度的目的不外乎是要排出一个顺序出来，形成一个井然有序的良好环境，有了安定、稳定、和睦，然后才能“共移泰山”。那些各种各样的历史悠久的制度有许多在今天被我们批得体无完肤，如世袭制、科举制，以及百姓见到贵族、官员要低头弯腰甚至跪拜的等级制等。我们不否认有的制度由于与社会发展不相适应，已经演变成了桎梏——吃人的礼教。在我们已经被许多僵化的制度搞得不胜其烦的今天，要理解没有秩序时候的混乱及确立秩序的意义——哪怕是一种有限的秩序——是有困难的。

《礼记·间传》就规定了不同的亲人去世，本人应该如何表达自己的悲伤，规定涉及如何穿、如何哭、如何吃、如何住，细致得令人难以相信。[①] 仅对说话就规定，父亲去世只答应而不说话，母亲去世只对话而不找话，大功等级的亲人去世，说话但不议论，小功、缌麻等级的亲属去世，议论但不议论快乐的事。[②] 我们今天会振振有词地说这些制度、习俗如何捆绑了我们的身体与心灵。但那时订立这些规矩，就如同老师细致地教导刚上幼儿园的孩子，而到了初中、高中，再这样教导显然就不合适了。对待这些制度与习俗也是一样的。这表明，经过数千年的繁衍，我们应该已经过了幼儿期，需要更宽广、更能体现社会公正的制度。但很多制度在创立——真正的创立之初[③]，可能并不是今天我们所批驳的那样，这涉及我们所熟悉的历史辩证法的立场。教条地理解、沿用这些规定，只证明了我们可耻的懒惰。

婚姻制度也是一个对社会成员进行排序的制度，它使人类社会“有规则地存在”[④]，显然，这完全是一个人为的过程，男女老幼处在不同的位置，相互间形成特定的权利和义务关系。它首先排了两性的秩序，即互相拥有对对方的性权利和劳动成果，然后是家庭成员的秩序，即尊卑长幼，最后是与周围群体的秩序，如宗族、母族、妻族。也就是说，婚姻制度是人伦关系得以确立的基础或者说是得以厘清的框架，而社会关系是家庭关系的延伸。在此前提下，我们才知道，要孝敬父母、尊老爱幼。当然，也有了三从四德、三纲五常等“吃人的礼教”。所以，传统的东西不

---

① 陈戍国（点校）：《周礼·仪礼·礼记》，长沙：岳麓书社，1989年，第521页。

② 原文为：“斩衰‘唯’而不对。齐衰对而不言。大功言而不议。小功、缌麻，议而不及乐。”

③ 有一些基本的重要的制度，在人类社会的早期阶段就已经创立了，如婚姻制度、私有制度，今天众多的社会和经济制度就是在它们的基础上发展、演变并延伸而来，谈不上创立。比如权力世袭制就是私有制在政治领域里的延伸，社会保障制度则是婚姻家庭制度的赡老抚幼在社会领域里的延伸。

④ 宋希仁：《论伦理秩序》，载《伦理学研究》，2007年第9期。

光是鱼龙混杂、泥沙俱下，而且同一个内容在不同的时代，其价值与对错也殊难一言而定，如生活中的长幼有序演变为单位里的论资排辈。

西南地区各民族婚姻制度的排序标准是多样的，排出的家庭成员伦理关系却要简约一些，他们在地理的阻隔下，各自都有一些特有的标准，如现在已经为外界所熟知的走婚，排出的伦理秩序就是我们相对陌生的，没有非血缘的家庭成员，没有父系亲属称谓，但它同样达到了使全体成员有序化的目的，老母亲高高在上，子女、孙子女按辈分长幼排列，责任、权利、义务明确，同时又选出能干的女儿当家。至于我们所谓的父亲，则完全可以通过替代来实现，实际上大部分被舅舅取代。婚姻是一种社会性制度，强调的是“父亲的社会职能”，而不是父亲的生物角色，生物学意义上的父亲无人能取代，但社会学意义上的父亲却完全可以被取代。走婚在性权利的让渡方面相对模糊，尤其是淡化了父亲的社会色彩，但正是这种模糊性才形成了母系大家庭。在当地严酷的自然条件下，大家庭便于内部分工，这是在当时的生产力水平下改善生存方式的有效手段。有序化的目的达到了，改善生存方式的目的也达到了。对这个婚姻制度的历史评价应该是肯定的。而幼子继承制是将幼子地位排在了长子之前，与儒家的长幼之序正好相反，这也是由特定的婚姻形态所决定的。因为有婚前的两性交往的自由，及婚后女性对婚姻道德的恪守，幼子血缘身份的可信度较高。

人类学理论通常认为，婚姻制度决定了家庭结构，“即婚姻是建立家庭的前提，家庭是缔结婚姻的结果，亲属制度则是婚姻家庭制度的产物”①。但这应该指的是人类社会早期。今天虽渐趋消失但仍然存在的走婚现象也许可以反过来解释，严酷的自然环

---

① 林耀华：《民族学通论》，：北京：中央民族大学出版社，1997年，第301页。

境与低下的生产力对大家庭的现实需要及其对生育的限制是走婚存在的重大原因，这是文化选择的结果。考虑到过去一些地方出于控制人口的需要而采取的杀婴行为，走婚对生育的限制尤其显出其人道的一面。况且，母系家庭所有成员间的血缘联系成为高效润滑剂，维持了家庭的和睦。

存在于广大地区的父系大家庭有太多的非血缘家庭成员关系：公婆、夫妻、叔嫂、妯娌等，家庭成员关系变得异常复杂，势必增加内耗。但复杂的家庭关系与复杂的社会事实之间有着某种联系，有某种可以通用的智慧，于是才有了《道德经》里的“治大国如烹小鲜”的总结。

现阶段走婚所面临的冲击，已有各地学者深入探讨，但仍需格外关注当地生产力、生计方式在今天的突变。

混乱变为有序之初，应该是不含有褒贬之意的，但既然是序列，各不相同的前后上下位置就有机遇上的差异。这些偶然的机遇差异最终异化为优劣、尊卑、强弱、好坏的标准。比如排队买票，大家排队购买，这个办法应该是公平的、有效的，但票是有限的——任何资源都是有限的，排在后边的就买不到票。有票的和没票的，就有了界限，界限最终在复杂人性及社会结构的发酵下异化为等级。

一夫一妻是我们最熟悉的一种排序模式，男女间看似平等的关系，由于劳动的强弱（一般情况下男性劳动强度大）不同、显隐（男性劳动成果在明处）不同、难易不同①，最终导致了两性地位的差异，女性居于从属地位成为秦汉以来的制度化现象。父逝服斩衰——麻衣下摆是毛边，母逝服齐衰——麻衣下摆缝边，

---

① 比起女性在生育与家务劳动中的投入，男性在社会劳动中的付出被认为是更艰难的，需要更多的学习，如狩猎、打仗等。所以，让一个男子回家抱孩子就成为对他的能力的蔑视。但这种观念近年来在欧美等国家有所变化。

表明父母的地位不一样，子女悲伤的程度也应该不一样。[①] 但在西南少数民族中，婚前交往自由、缓落夫家等习俗作为一种特有的婚姻习俗，使女性地位的从属性有所弱化。而这些习俗在同时代的汉族婚姻制度中是无法想象的。

其实，对传统汉族的男尊女卑制度也有进一步讨论的必要。制度、观念本身只是一种设想，与实际的情形是有一定距离的。在家庭内，妇女操持日常的繁琐家务，形成“过程性权力”；在孩子最需要看顾的幼年阶段，也是母亲在贴身照料，由此形成“情感权力”，“女性的这种后台权力，在一定意义上从内部置换了父权和夫权”[②]。对芸芸众生而言，领导人中有多少是女性就成了一个“伪话题”——因为对社会公职承担人的选用恰恰应该忽略本人的性别而应注重考虑其任职能力。

结盟是人类组成社会的基本方式之一，从婚姻制度的起源来看，幸福不是婚姻追求的核心目标，结盟才是婚姻制度的本质特征，所以婚姻真正追求的是稳定。为了稳定，社会允许婚姻的形式有一些适应性的变化，在此前提下，可以适当考虑当事人的情感。

由于婚姻让渡给对方的权利其实是模糊的，尤其是涉及日常生活的部分，所以，随着社会的复杂化，男性在社会公共空间的优势地位就大张旗鼓地延伸进家庭的私有空间，夫妻地位也拉开了距离，但因为西南地区各民族村寨的社会沟谷空间发育有限，故而夫妻的地位差距相对要小一些。

两性以家庭为界限的劳动隔离（所谓“男主外女主内”）与不平等是社会经济发展到一定阶段的产物。西南地区严酷的自然

---

① 史凤仪：《中国古代婚姻与家庭》，武汉：湖北人民出版社，1987 年，第 161 页。

② 李霞：《娘家与婆家——华北农村妇女的生活空间和后台权力》，北京：社会科学文献出版社，2010 年，第 230—234 页。

环境导致劳动方式多样化，不便于两性劳动的隔离。

西南山区社会发展水平低下的另一个表现是有闲阶层的缺乏，劳动本身没有明显的尊卑区别，劳动者的高低贵贱亦不分明，相应的婚姻制度在人伦关系上的排序也带有一定的简约性。

西南地区的多样婚姻形态说明，不同的自然环境需要人类有不同的劳动分工，如耕作、放牧、家务、采集、打猎、学徒、马帮运输、开店等，还不能与婚姻的生育功能相矛盾。这些劳动分工就需要特定的人伦关系，而特定的人伦关系来自相应的婚姻形态。同样是对付严酷的自然环境，但在婚姻制度上人类却有多样的办法，这里就有偶然性与必然性的结合。

在社会财富有了大幅度积累的今天，在社会的热门行业已经被细化到远离自然环境的时候，传统的婚姻制度显然已经不能适应社会的发展。这里不含任何的价值评判。其实，从我们内心来说，传统的那种相濡以沫的家庭氛围还是给人以温暖的。当今都市婚姻家庭模式令人不可思议地表现出与西南地区少数民族传统的多样化婚姻形态相一致性的某些外在化特点，对此已不可能用财富匮乏、观念落后来解释，而恰恰是财富充裕、观念开放、人们自主意识增强的结果。

在经济发达的都市，两性的地位差异在迅速缩小，直接给婚姻和家庭带来影响，对此目前尚难给出评价，而现代社会又往往把婚姻和家庭视为个人私事，所以，家庭关系的状态只能由各个成员来努力平衡，由此导致的喜怒哀乐也只能由各个成员来消化，消化不了的就成为各种极端事件。

人们的情感主要依赖于家庭，“生活中很少可能有比婚姻和孩子的联结更完整更持久的联结了”①，但技术的发达及繁复的社

---

① ［美］R. F. 墨非著，王卓君、吕迺基译：《文化与社会人类学引论》，北京；商务印书馆，1994年，第110页。

会分工又不断地在割断这种联结，因为每一个人似乎都因此而比从前更有独立的能力了，还有必要克己待人吗？

所以，高技术及细分工的迅速发展在根本上消解着传统中的婚姻与家庭，高技术与细分工在跨地区、跨国家的层面上实现了人类社会的高度组织化。婚姻制度的结盟功能已微不足道，甚至不值一提，婚姻正日益演变成“情感的游戏”，但在面对各种社会事实时，我们的心灵追求与向往也在深刻地影响着我们对社会事实的认知与抉择。除了传统的婚姻家庭这样“挤在一起取暖”的亲密模式外，人们情感的交流可能也会有新的方式。

第七章 服饰是对社会角色的外在固化

关于服饰，有两个现象因我们习焉不察而没有深思：一是某个群体的传统服饰基本没有个体差异；二是绝大多数人们群体内男女的传统服饰却普遍不一样。

我们迷醉于各民族服饰鲜艳的设色，折服于那些别出心裁的款式，还对那些深奥莫测的图案费尽神思，想方设法把服饰的实用与抽象的观念、复杂的社会生活联系上。但翻阅这些年所有关于服饰研究的论文与著作，就是对上述这两个最为寻常且普遍的现象没有认真思考过。

在令人眼花缭乱的关于各民族风俗、节日的介绍中，我们可以看到同一个村寨的人们穿着同样的服饰，但不论当时还是事后，你的眼前和脑海里都是这些款式、设色、搭配风格一致的服饰，而不是一张张各具表情的面庞。

一、集体意识与个人意识

少数民族传统文化在近年来受到强烈冲击已为大家所熟知，作为传统文化重要组成部分的少数民族传统服饰也迅速从各民族的日常生活中消失，而成为远离实际的舞台上的“行头”。许多人在为这样的变化而焦虑，但这个普遍现象的深层含义是什么？难道仅仅是现代都市文化的冲击吗？

在贵州东南都柳江两岸的山寨里，不论是水族、苗族还是侗族，他们到目前为止，还仍然以传统服饰为日常穿着，像漫长的过去一样，只是把服装分为盛装与常服。当然也不是没有一点变化，妇女们在制作服饰时，不再像过去那样完全用丝线织布，而是用现代的工业产品做部分替代。比如内衣的大块用布，刺绣用的色彩鲜艳的化纤线，色彩斑斓的塑料或玻璃珠子等。但即便如此，妇女们的服饰实际上还是与传统服饰保持基本一致的样式、设色及图案。

那么，这样的现象又意味着什么？

通常的解释是都柳江两岸远离大都市，较少受到强势文化的强烈冲击，当地少数民族的服饰作为传统文化的一个组成部分得以保存下来。而从更为深入的角度看，我们应该看到，服饰文化不是一个孤立的存在，我们在认知这一事象的时候，如果摒弃服饰的物质属性，我们会看到有一些更为深藏不露而又强有力的意识及其在今天的变化左右着当地人们服饰文化的演变方向。

这就是传统社会中强大的集体意识与今天个人意识的觉醒。这样说，可能很多人会觉得突兀——服饰与集体意识能有什么关系？其实大家只要看看各种各样的关于少数民族的画册，看看那些照片中同一个寨子里穿着一样服饰的人们，我们就应该对这一现象做一些思考。他们穿着同样的服饰，说着同样的话，甚至也是几无差别的表情……外界的人们与他们一天交往下来，人与名字还是对不上号。没有人号召他们必须穿同样的服饰，更没有人在他们制作服装时明白规定必须如此这般，但规定自在他们的心中。

尤其是女性所穿着的盛装，大多数人一辈子就这一套服装，有的还要一代代地传下去。女性的服装是她们从姑娘时期就各自在家精心缝制，花去几年的时间，费去很多的精力和心思，按理应该各有特色，但实际上却是大同小异。其实，她们就是要按照本群体都认可的共同款式，制作出属于自己的那一套，没有人会

图 7－1　苗家少女

图 7－2　侗族妇女

做出重大的改变，区别只在精致的程度不同。

这里就有一个问题，为什么少数民族，尤其是西南地区的少数民族服饰在给人以一种五彩缤纷、繁花似锦印象的同时，实际上在特定群体内部的个人之间差别是如此的微不足道，给人的感觉是如此的相似呢？而与此正好相反的是，都市人在生活中十分注意在穿戴上与别人的区别，“撞衫”就是指两人不约而同地穿同一款服饰的尴尬情形。

所以，服饰作为一种有实用功能的文化现象，除了很多论著早已经在研究的记录历史、反映信仰、美化生活、标识婚姻集团等价值外，从另一个角度看，服饰也曾是一个特定群体的集体意识的物化表达方式。

榕江摆贝苗寨的百鸟衣被誉为服饰的“活化石”，上面绣满了这支苗族所崇拜和喜爱的各种动物，下摆装饰了鸟的羽毛。这些特点不是某个人的服饰所独有的，而是这支苗族所有成员的服饰都具备的特征，这些特征反映了他们特有的生存环境和审美观，相同的服饰至少从身体的角度把他们连接在一起。再比如说榕江两汪乡苗族的服饰，与摆贝的苗族服饰完全不一样，用一块布裹成的尖角帽及超短百褶裙成为其典型特征，在围腰上绣满类似兽皮的花纹则是表达对祖先的怀念。[①] 服饰在形制、色彩、图案等方面所表现出来的差异至少从第一眼就能让人区分出不同的人们群体，并喻示了群体间的某种特定的空间位置关系，如血缘远近、通婚范围等。

服饰暗含了穿着者所推崇的价值观念，这是服饰的文化共性。每一个不同规模的群体都有只属于他们的社会共同记忆、共同的生活方式及共同的情感体验，归纳抽象后构成他们心照不宣的集体意识，而一样的服饰在某种程度上成为凝聚群体的物化方式。所以，制作与穿着服饰的过程，就是对他们所共同持有的集体意识的反复强调与强化。

“社会成员平均具有的信仰和情感的总和，构成了他们自身

---

① 贵州省黔东南苗族侗族自治州榕江县旅游局：《榕江旅游观光手册》，2006年。

明确的生活体系，我们可以称之为集体意识或共同意识”[①]。涂尔干的这个解释针对的是最为简单的社会群体。今天我们普遍追求的是个性的解放与自由，在此背景下来理解集体意识曾经的至尊地位，恐怕是一件有相当难度的事。但在漫长的物质相对匮乏的历史时期，集体意识是人类群体生存与生活的勇气来源，是在漫长的历史时期给予群体内的每一个个体以最为可靠的安全感的精神意识。所以，集体意识主导下的集体情感具有不可侵犯的神圣性，表达集体情感的语言也是极为庄严、神圣而华丽的，主要体现在祭天、祭祖、庆丰收时的歌唱中。

铜鼓是南方很多民族都有的神圣器物，水族、苗族、侗族也都有自己的鼓文化，在祭祖、庆丰收时，铜鼓都是必不可少的响器，在深沉的鼓声里，苗族唱：

谷粒壮又壮，谷穗弯又弯，
忙收获呀快收获，再不来收腰要折！
哥哥来打鼓，咚呀咚地响，
响声震河谷，妹妹来跳舞，
三步跳向前，三步跳向后，
那不是打鼓，那是哥哥在打谷，
那不是跳舞，那是妹妹在割谷。[②]

水族在过他们传统的端节前，各村寨都要敲响铜鼓。他们的《开天地调》唱：

初开天，天下黑隆冬，

---

① ［法］涂尔干著，渠东译：《社会分工论》，北京：生活·读书·新知三联书店，2000年，第42页。

② 于希谦：《中国南方鼓文化与地域社区生活》，昆明：云南民族出版社，1995年，第84页。

地上不平，高低坑凼，古般公才来开拓。
般公来，开拓十二方，打通十二缺口，开辟十二样，
啦——哈！[①]

侗族也以鼓声为召唤，齐聚鼓楼前的坪场上歌舞，他们唱：

你们建的鼓楼真吉祥，
吉祥时刻鼓楼立寨上，
寨上老人选得好地基，
地基牢固对着好方向，
四根木柱摆在坪中央，
好像四条金龙从天降，
柱上凿出穿枋眼，
好似万片鳞甲闪金光。[②]

布依族的丰收歌唱道：

铜鼓敲响了，欢乐的年节来到了；
桌上摆满粑粑和米酒，桌上摆满鸡头和猪头；
请龙王来喝酒，请天神来喝酒，
请祖宗来喝酒，普天之神都来吧，
来吃丰收的年饭，保佑明年又丰收。[③]

这些神圣情感的表达普遍存在于每一个民族的仪式上，今天我们会说这样做并不能使土地有更多的产出，但却无法否认这样做所产生的凝聚力。

---

① 三都水族自治县文史研究组：《水族民歌选·岛黛瓦》，1981年。

② 于希谦：《中国南方鼓文化与地域社区生活》，昆明：云南民族出版社，1995年，第167页。

③ 于希谦：《中国南方鼓文化与地域社区生活》，昆明：云南民族出版社，1995年，第286页。

集体意识可以分为以下几个层次：国家意识、民族意识、亲族意识、家庭意识、乡党意识等。在很多乡村，亲族意识与乡党意识又多有重合。比如雷山县的西江苗寨，其地缘与血缘基本重合，在当地的认知中，寨里所有的村民都来自于一个共同的祖先，后来随着人口的不断增多，才逐渐划分为多个村寨，彼此间也存在着不同的通婚规则。①

生活在崇山峻岭中的苗族、侗族、水族的国家意识是怎样的？用语言描述，不如看看寨子里的人家在起坐间都张贴的带有年画风格的画片（见图7-3）。我们由此可知，当地人们在这个层面上的意识非常明晰，但也略微有些滞后于时代。这表明，国家意识并不时时具体而细致地参与到他们的日常生活当中。

当然，他们在表达对国家的认同的同时，还有很多张贴画是明星的照片。绝大多数家庭都有电视机，安装了卫星接收设备。中国移动电信正在做“村村通”工程，很多成年男子都买了手机。

图7-3 山寨人家喜欢的张贴画

这些都表明山寨与国家、主流社会的联系与认同，但他们的

---

① 张晓：《西江苗寨的文化结构》，载《中央民族大学学报》（哲学社会科学版），2008年第2期。

日常生活的基本样式实际上与漫长的过去并无大的差异。

这个判断基于这样一个事实：农业劳动仍然是当地社会大部分人口的主要生计方式，而且，这部分农业劳动的效率低下，在地区经济中的份额逐渐缩小。

2006 年榕江县的农业产值占到总产值的 53.7%，农业人口 30.87 万人，占总人口的 92.32%，除去当年外出务工人员 3.5 万余人，从事农业生产的人口为 27.27 万人[①]，也就是说，占榕江县总人口 81 %以上的人从事农业，创造的财富只占该县总产值的一半略多。

2006 年从江县的农业产值比例为 49.84%，农业人口为 30.37 万人，占总人口的 93.93%，除去当年外出务工人员近 3.2 万人，从事农业生产的人口为 27.17 万人。[②] 也就是说，占全县总人口 84 %的农业人口所创造的产值还不到全县总产值的一半。从江县的农业生产效率还要低于榕江县。

由上述数据可以推知，都柳江两岸 80 %以上的人口还生活在乡村，传统的生计模式没有发生根本变化，农业劳动的效率还很低下。所创造的财富在地区经济中的比例逐渐缩小。外出务工人员占 10 %略强，而据中央电视台 2008 年 11 月 29 日“共同关注”节目，重庆市合川区钱塘镇 9 万多人口中就有近 3 万外出务工人员，全区外出务工的人数高达 30 余万人，占总人口的 30 %以上。可见都柳江两岸农业剩余劳动力 10 %的转移比例与其他地区相比还很低。那些外出务工人员没有接受更高的教育，加之语言和生活习惯方面的差异，在外不具备职业竞争优势，他们的劳动收益对本区经济贡献微薄，他们中的绝大多数最后还要回到乡村。

另一个外出务工劳动力的比例不高的原因则较为隐蔽，这与

① 黔东南州统计局：《黔东南统计年鉴》，2006 年。

② 黔东南州统计局：《黔东南统计年鉴》，2006 年。

本书一直在讨论的集体意识有关。千百年来，特有的文化已经把自然、生计和人结为一个完整的体系，并以村庄的形式存在着①，生活于其间的个体很难自觉地把自己从这个体系中分离出来，即使他们的身体离开了村庄，但精神意识还完全与这个循环体系相连接，他们在漂泊时所感受到的孤独与无助时刻考验着他们的意志。这种付出比汉族村庄的外出青壮年要大得多。

作为一个乡土社会，其集体意识的表达与强调的方式通常有：血缘、宗教信仰、传说、习俗、禁忌、习惯法、节日、生产生活方式、民间文学等。对社会共同记忆（如祖先创业传说、迁徙历史、共同抵御外辱等）的反复讲述，也能强有力地把经历者及其后代凝聚在一起。这方方面面都在告诉所有成员，我们大家都是一样的：有一个共同的祖先，说一样的语言，过一样的生活……因此，我们应该祸福同当。更为深刻的就是思维方式的相似性。“只要社会还没有形成一定规模，还没有集中到一定的程度，那么精神生活的发展乃是所有群体成员所共有的，也就是说，每个人的精神都是完全相同的”②。所以，一个普遍的现象是我们在与陌生人或群体打交道时，彼此的相似往往成为友好关系的开始。意气相投的人成为朋友，沦落天涯的人彼此相惜，至于为什么相似性能把人们紧紧地联系在一起，那又是心理学的一篇大文章，非本章主题。

在这个议题下，我们再来看看民间文学，它帮助社会推崇特定的道德规范，宣扬其中的楷模。但是，在最应该富于个性特征的爱情表达中，“所有的恋人都是一副面孔，都以同样的方式表达他们的情感……实际上，与其说歌谣表达了情感，不如说表达

① 参见本书第一章“自然山水与两性角色的关系”。

② ［法］涂尔干著，渠东译：《社会分工论》，北京：生活·读书·新知三联书店，2000年，第306页。

了情感主题"[①]。反复吟唱的歌谣，形成对恋爱行为强有力的规范，用今天的语言说即"格式化"，没有个体差异，只有中规中矩而已。在许多关于西南地区少数民族恋爱习俗的介绍中，我们也能看到，许多恋爱是大家一起谈的。"每逢月明之夜，青年小伙子三五成群，到别的村寨去，在村寨附近吹芦笙、木叶，姑娘们听见后，也是三五成群，前来同小伙子攀谈对歌……"[②]

侗族情歌《你真美丽》唱道：

天说天干净啊，天有云；
水说水干净啊，水有沙；
玉说玉干净啊，玉有瑕；
你的脸儿真干净啊，像朵白茶花。[③]

民间文学在生成的过程中，把个体情感修剪成为"群体的日常情感"[④]。共同的情感凝聚出共同的人们群体。"如果人们相互结成一个共同体，并在其中感受到了某种信念和感情，那么，这种信念和感情会给我们带来多么大的力量啊！"[⑤] 民间文学正是通过对大家相处时必备的通行的道德及感情的"格式化"处理，巩固人们对集体的认同意识，群体因之更为团结而具有更强的生存能力。但是，它也无情地将个人情感及其特有的表达方式给遮蔽掉了。

---

① ［法］葛兰言（M. Granet）著，赵丙祥、张宏明译：《古代中国的节庆与歌谣》，桂林：广西师范大学出版社，2005 年，第 74 页。

② 席克定：《苗族妇女服装研究》，贵州民族出版社，2005 年，第 155 页。

③ 马学良：《中国少数民族文学作品选》（第四分册），上海：上海文艺出版社，1981 年，第 314 页。

④ ［法］葛兰言（M. Granet）著，赵丙祥、张宏明译：《古代中国的节庆与歌谣》，桂林：广西师范大学出版社，2005 年，第 178 页。

⑤ ［法］涂尔干著，渠东译：《社会分工论》，北京：生活·读书·新知三联书店，2000 年，第 61 页。

在社会财富积累水平相对低下的社会，人们生存的勇气基本上来自有相似生活的群体和有相似经历的个体，这些相似让人们对环境，对将来的生活，会产生某种“有把握感”，同德于是同心。① 也许这就是人们寻找朋友以相似性为前提的渊源。而已有的集体意识就成为进一步形成相似性和强调相似性的观念形态，生产与生活中的任何风险都要靠由集体意识聚合起来的群体来共同承担，这些群体包括民族、支系、家族、家庭、亲戚、同村等。

传统农业的产出与当地自然条件的好坏关系极大。“苏湖熟，天下可足”，但在黔东南的崇山峻岭中，很多地方甚至自给都有困难。强调集体意识，把人们凝聚在一起，是这个地方的民族赖以战胜各种灾难的力量之源，只要这种传统的生计模式没有改变，强调集体意识的各种传统也就不会从人们的生活中消失。所以山寨里的居民也不会随意改变衣着的传统。而外出做工的人因为离开了母文化圈，一般则不再穿着传统的服饰。像丽江这样的地方，因为当地的生计方式已经大为改变，生产节奏、生活方式自然也发生相应的变化。

同一支系或同一寨子的人们按性别穿着同一款服饰成为对集体意识的一种外在的物化反映，不论是服饰反映了宗教观念也好，或是表现了某种特定的习俗也罢，服饰的样式与风格其实都不是个人所能随意改变的。服饰用这样一种物化了的形式，把同一个群体的成员有形地聚合在一起。

涂尔干在《社会分工论》中用了大量的篇幅，讨论恢复性制裁与压制性制裁的区别。在传统的乡土社会中，人们更依赖于用压制性制裁来维护他们的集体情感，这些情感包括对神明的敬畏、对祖先的崇敬、对信仰的虔诚、对习俗的遵守等。过去的苗族乡村普遍有“神判”，对小偷小摸的严厉惩罚，表面上看是因

① 《庄子·马蹄》：“彼民有常性，织而衣，耕而食，是谓同德。”

为受损的财物，而更深层的原因是盗窃者破坏了人们心中视为神圣的集体情感，这种行为“就是对社会凝聚力的动摇，就是对社会的背叛”①。神判的形式也表明，它是对犯罪者的精神予以打击。所以，在传统的乡土社会中，压制性制裁的方式不仅多，而且在今天的我们看来也十分过分和不人道，罪、罚不能相抵，如对有私情的已婚妇女处以沉塘极刑、砍去小偷的双手等。

我们通常认为这样的社会对个人意识采取的是束缚与压制的对策，但实际上农业乡土社会本身并不能催生出蓬勃的个人意识。在局促与贫乏的经济生活中，正是群体凝聚在一起的力量给了人们以生活下去的勇气，在这样的氛围中不太可能养成一种从容大度的心态，来容纳往往一出现就表现出与权威的集体意识相异，甚至相对峙的个人意识。而某种集体意识一旦统领了人们的精神世界，往往又会形成一定的惰性。文学作品中有很多权威家长压制血气方刚的青年的故事，这实在不是两个人物间的意气使然，而是两种精神观念的较量，表明在集体主义社会中，其代表“天然地”难于容纳异己力量，即便是在父与子之间。但在社会转型期，个人意志挑战集体权威的冲突会大量出现。②

“个人意识是社会发展到一定水平的产物”。这是我们多么熟悉的判断句式，但这个判断究竟包含了怎样的内容？“集体生活

① ［法］涂尔干著，渠东译：《社会分工论》，北京：生活·读书·新知三联书店，2000年，第69页。

② 在此需要阐明的是，在王朝时代，当权者的意志凌驾于大众意志之上，人们会认为这是个人意志高于群体意志，但这些当权者往往需要以集体意志来装饰自己的个人意志，而在实现自己的个人意志时，也必须借助于群体的力量。“在这些事件的深处，总可以找到的绝不是统治者的权力，而是群体灵魂的运作。”［法］古斯塔夫·勒庞著，冯克利译：《乌合之众——大众心理研究》，桂林：广西师范大学出版社，2009年，第90页。

并非产生于个人生活，相反，个人生活是从集体生活里产生出来的"①。在一个"士"的阶层基本上没有发展出来的与外界相对隔绝的山寨，在一个人们的衣食仅能甚至是难能维持温饱的地方，个人意识萌芽与成长的依托何在？涂尔干认为："个人在原始社会里根本不存在，它只是随着文明的出现才逐渐产生出来的。"②

在乡土社会中，人们的生活被宗教信仰、习俗、民间文学等详细分割、控制，实际上没有私人空间。但是，历史上，在经济发达得多的苏湖一带，人们仍然较少私人空间。显然，完全用财富积累的水平来认识个人意识的成长是有失偏颇的，可能更为关键的是生产方式。在传统农业基础上组成的乡土社会的运转有赖于集体意识的强化，而对私人空间的重视只能是伴随着劳动力的自由流动而出现。

还需要阐明的是，集体意识与个体意识不是一种互相取代的关系。前文的内容已经说明，在历史上很长一段时间，个体意识无由萌芽与成熟，集体意识统领着人们的精神世界。随着社会剩余财富的增加，有闲阶层出现，人们开始追求精神世界的自由。在中国历史上，这种对精神自由的追求可以上溯到先秦时的诸子百家，庄子的逍遥游就是对自由的最为痴迷的追求。魏晋南北朝时也有大量士人追求个性发展，如陶渊明、王羲之等。当然，两千多年中，中国追求人性自由发展的历史多有坎坷。而在偏僻的西南地区，尤其是那些少数民族山寨，对人性与精神自由的自觉追求就是很晚近的事了，而且是突出地借助于现代传媒手段的广泛应用，是一种在外界的强烈影响下而被激发出来的行为。

---

① ［法］涂尔干著，渠东译：《社会分工论》，北京：生活·读书·新知三联书店，2000年，第236页。

② ［法］涂尔干著，渠东译：《社会分工论》，北京：生活·读书·新知三联书店，2000年，第153页。

但是，不论主动还是被动的个性追求与个体意识的成熟，集体意识在我们现实生活中的“淡化”并不表明集体意识正在退出社会政治生活，而只不过是表达集体意识的方式与传统的方式有所不同罢了。因同而聚合的小规模的人类社会群体正在演变为因异而相互配合、依赖的“全球一体化”的大群体，社会分工在给一个人自由发展空间的同时，又从相当隐蔽或者说是相当深远的层面上把这个人给“组织化”了。“越个体化就越整体化，整体一定是所有人和每一个人的功能所构成的系统效应”①。

不论是在天灾还是人祸面前，集体意识的巨大凝聚力仍然是无可替代的。如抗日战争、控制生存环境恶化及对各种自然灾难的救援，还有那些巨大的建设项目，都是靠集体意识把人们团结为一个整体。而这些集体行为的实施及完成，又是对集体意识的再一次强化与提升，并成为全社会的共同记忆而被反复追忆。有的职业更是集体意识的高度制度化实践，如军人、警察等。有的机构为了更好地完成职业功能，把集体意识有限制度化。比如对职业道德的强调。有的职业领域则应该多多地鼓励个性的自由。比如艺术创造、科学科研。但不论是强调集体意识还是鼓励追求人性自由，二者都不是一种互相替代的格局，而仅仅是从职业发展角度形成的有所侧重的认知。

所以，西南少数民族山寨的人们，尤其是女性，同一民族同一支系在服饰上的一样，实际上表明的是他们的生活生产——生存对所属集体的依赖。而这样的集体意识之所以还在支配着人们的精神生活，则又表明，当地社会现阶段的生计方式及在此基础上形成的集体意识与漫长的过去并没有什么差别。

当然，毕竟是存在于今天的农业乡土社会，其成员的个人意识并非完全没有，但基本上局限于集体意识控制下的有限空间

---

① 季国清：《文化嬗变的时代色彩》，北京：人民出版社，2008年，第45页。

内。图7-4中虽然都是衣襟上的绣饰，但基本风格不变，只是在设色和花纹图案上略有差异。

图7-4 衣襟上的绣饰

都柳江边那些离开家乡出来找工作的女性，谁也不会再穿着传统的服饰，她们新的生计不再依赖于原来的群体。

任何文化现象都不能从原来的整体中单独地剥离出来，所以，当我们看见少数民族的传统服饰在消失，实际上，是他们的生计模式在发生着改变。而当我们去到那些边远的山寨，看到同一个村里的妇女基本上都穿着同样的服饰，应该想到他们的生产生活实际上是在遵循着某些年代久远的集体主义原则。

需要反复强调的是，不论集体意识曾经为我们做出怎样的贡献，或是禁锢了我们的心灵，但也正是集体意识孕育出了个体主义①，“自然化的整体主义就是指人类初民在文化和文明发生的时

① 相对于本书的“集体意识”，引文中的“整体主义”是一个发展更为完备的概念，但具体针对西南民族的社会构成而言，用“集体意识”似更为妥当，“集体主义”则是集体意识的更高一级形式，“个体主义”相对于“个体意识”亦然。

候，一定是自然而然地采取整体主义的形式，因为在那种情况下整体性是对个体的保护”，那么，在这样的情况下，无法孕育出蓬勃的个体意识。但“当整体主义作为一种文化和文明的类型而不是自然化的整体主义的时候，就一定是有人在把整体主义变成推行个人目标的工具”①，即个体意识随文明的出现而出现，最直接的证明就是长老、头人、酋长、皇帝、寡头的产生，英雄崇拜成为人类历史上的普遍现象。而一旦“整体主义成为推行个人目标的工具”——专制产生，那些貌似为了所谓全体人们利益的意识形态，就成为当权者谋取个人利益的工具，其他的个体意识就必然要受到打压。

二、传统服饰对社会角色的固化

从某种角度看，少数民族传统服饰是一种特别的“制式服装”。制式服装的本义是指帮助职业行为得以完成的服饰，如军服、警服、海关工作人员服装、保安服装等。少数民族村寨的居民穿同样的服饰，显然不是为了更好地完成某种职业行为，而是对他们在本群体社会中的角色的外在化强调，并区别于其他群体。“不同的穿着首先代表着不同的身体形象，如果这些衣着逐渐消失了，那么它意味着人们这些身体形象的差别也在消失”②。在穿着符合传统的服装后，只有在自身的文化氛围中，人们内心深处才会有一种得到认同的自在感受，而一旦脱离了母体文化氛围，则成为另一个文化氛围中的陌生的介入，人们总是会觉得自

① 季国清：《文化嬗变的时代色彩》，北京：人民出版社，2008年，第42页。

② ［法］涂尔干著，渠东译：《社会分工论》，北京：生活·读书·新知三联书店，2000年，第294页。

己成了周围人打量的对象，不自在、不自信随之而来。

所以说，山寨里少数民族穿着同样的服饰，是一种受传统的集体意识制约的现象。而在社会生活中保留了强烈集体意识的社会群体，其物质财富的积累水平还很低，社会公共领域狭小，寨民从事着同样的生产生活活动，其节奏规律如何主要由习俗来完成，没有严格的社会分层，大家都是同样的劳动者。所谓的寨老，也要从事具体的劳动。在这样的社会中，人们力求保持的是彼此之间的一样，而不是标新立异。

花团锦簇服饰表象之下是乡土社会的纯朴追求。我们在各种文章中都能看到“纯朴”这个词，但本书在此的运用是有实在含义的，即指在一种自然的状态中，使自己成为集体一部分的意愿。我们总是说乡土社会的人是多么的纯朴，实际上，就是在与外界交往时，他们会自觉地以本群体的代表自居，而不是“我自己”。[①] 关键在于他们的社会还未促成其成员形成清晰的个人意识，在他们的精神世界里，在他们的思维过程中，不可能把自己与母群体分开。正因为人是离不开群体的，所以，逼迫一个人（或是一个家庭）离开群体就是一种惩罚，远走他乡、背井离乡才成为一种悲惨的命运。

没有个人诉求，在一种非常自然的状态中把自己淹没于群体之中，以社会的普遍道德规范来要求自己，也相应地揣度周围的人。这就是“纯朴”的含义，一旦离开母文化区，如进入都市，这样一种“纯朴”的思维方式在讲求个人意识的社会中必然处处碰壁，但也散发出迷人的光辉。而在现代都市生活中，集体意识

---

① 前几年有一类现象经常见诸报端，先是体育比赛创出了好成绩，于是说海外华人多么扬眉吐气，而后这些年中国经济不断增长，海外华人甚至包括国人又多么为国骄傲。这些现象从历史角度看，可以理解，但从人类社会的传统心理特征来看，就属于“纯朴”。在我们正致力于建设公民社会的今天，正确地理解集体意识与个人意识的关系就很重要。

退隐到不易觉察的地方，主导人们行为的是对个性的追求与实现，传统乡土社会中敬天、祭祖、祈丰收的神圣祷词不再能够唤起人们心中神圣的情感共鸣。

贵州东南都柳江两岸的水族、侗族、苗族等民族各支系服饰的基本特点为：绑腿（山居、水田稻作）、裙装（短为山居，长为坝居）、交领（没有扣子）、椎髻（通常在头顶）、银饰、刺绣（为美，但又与生活实际不可分），过去人们通常穿布鞋或是草鞋，现在常穿的是胶鞋，耐用而实惠（见图7－5），当然也有很时尚的鞋（见图7－6）。

图7－5　布鞋和草鞋

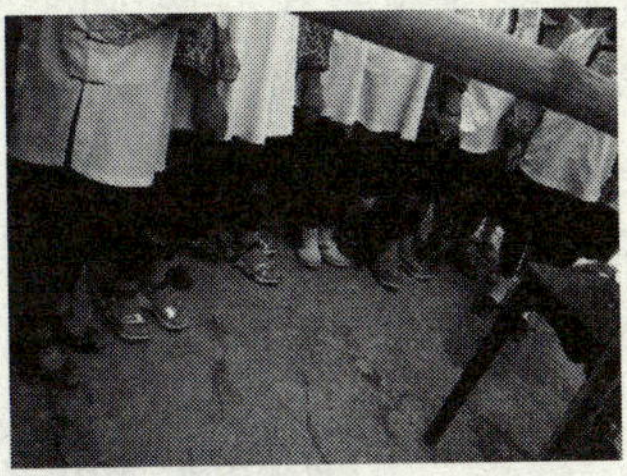

图7－6　各种流行鞋

在把服饰分为这样的几大类后，再来看每一类又有几种。绑腿可用布带缠绕，也可用整块布直接裹住小腿，再用细带扎紧；头顶的发髻或是挽成紧促的椎髻，或是堆成云鬓。这是为适应湿热气候。裙子不论长短都是百褶裙，短的要浆洗得很硬，穿着者不能随便坐下，衣服上多有绣饰。几十斤重的银饰在装扮一个姑娘的同时，也限制了她的行动，同样让穿着者行动不便的还有绣制了精美图案的围裙。这些穿戴能使穿着者仪态端方、娴雅。当然这是指盛装，常服则是以方便劳作为主。

总之，服饰要适应生产生活环境，要承载特定的文化内涵，各民族服饰都具备这样的功能，每个民族都有自己的详尽而细致的服饰文化，完全满足了该文化体系对服饰的实用及象征功能的要求。比如说，打绑腿是为了便于在山地活动，不论是用布带缠还是用布包裹，都能达到这个目的。本书所关注的是为什么同一个群体的成员会有如此一致的服饰。当我们看到那些平日里辛劳不息的人们在他们的节日里如此一致地穿着、行动时（见图7－7），就会发现那些看上去松散的生活状态在此时终于显现出它高度一致的一面，而被人们感知的那些形而上的集体意识又会反渗进他们日常的生活状态中。

少数民族的传统服饰还分常服与盛装，分男女，分职能（如巫师服饰），服饰在强调社会角色的同时，强化了集体意识。主流社会对少数民族服饰的赞美实际上也可视为主流社会在服饰发展上的一种追求，但带有单边色彩。如在都市的时尚服饰中添加少数民族服饰的某些元素，穿着者借此彰显自己的个性，而真正少数民族传统服饰的发展则趋于舞台化，日益远离当地人们的生活实际。

图7－7　节日盛装

在都柳江两岸的少数民族社会中，人们很自然地穿着传统服饰，可一旦离开家乡，则往往主动适应主流社会的穿衣风格。

个性追求其实是一种很复杂的追求，追求者需要具备一定的前提条件，更要依托于社会经济及文化的一定发展程度。所以，目前少数民族服饰发展的被动地位很难改变。

需要阐明的是，如何评价贵州都柳江流域的少数民族社会与外界的交往。我们一贯只是笼统地说交往，但如果细分，交往从频度、范围、方式、涉及人口、持续时间等方面，都可以有所不同，因而对民族服装的影响也会有不同。过去的历史再漫长，对今天的我们来说都是短暂的；今天的时代虽然短暂，但对我们来说却是很长的，或者说是因为很重要就变得很长。所以，我们对当下指认得非常细致，以至于迷失在纷繁的细节里。如果我们摆脱细节，从一个相对遥远的时空距离再来观察，可以说，乡土社会传统的个体农业经济模式决定了当地民族服饰是集体意识的物化表达。传统生计方式的改变及由此而来的社会财富的增加所导致的个人意识的觉醒，将会深刻地改变他们的社会结构，当然包括他们的传统服饰。

还应该注意到的另一个事实是，所谓的都市服饰或者是现代服饰，本身不是某个民族的传统服饰，少数民族在接受这样的服饰时，少了很多文化心理障碍。

三、服饰与性别角色差异

服饰有性别差异，这在所有民族中都是一个很自然的现象，但今天都柳江两岸的水族、苗族、侗族，他们的两性服饰的差异则表现出某种共性。这些民族的女性都有各自风格独特的传统服饰，而他们的男性则几乎穿着一样的服饰。

水族、苗族男子都穿着蓝色长袍，平常穿蓝色短衣。其实，不论是长袍还是短衣，与汉族并无大的差异。作为农业民族，男

图7-8 水族男子服饰

子是田间劳动的主力，短衣才是与之相符的穿着。而飘逸、庄严的长袍却是社会地位的象征，或者说就是识文断字的身份象征，当然，识的不一定就是汉字。水族有自己的文字，专门用于宗教活动，能认读这种文字、主持宗教仪式的人被称为水书先生，主持仪式时穿蓝色长袍。

所以，这是又一个非常普遍的现象，即在很多少数民族中，男子的传统服饰几乎都消失了，但女性的服饰却相对完好地保留下来。这一现象自清末民初以来最为普遍。西南地区男子服饰保留较为完整的有藏族、苗族、彝族、羌族的某些支系。另有一种现象是西南的一些民族，在一定的地域范围里男性服饰大同小异，如普米族、摩梭人及邻近藏族的男子服饰就很相似，且部分彝族、白族男子服饰及傣族、阿昌族的男子服饰也难以区分。人口较少民族的男子服饰得到较完整的保留。除藏族是因为有自己不同于农业的生计方式外，云南特有的人口较少少数民族之所以

图 7-9　苗族男子服饰

能保留较为传统的服饰，多半是因为居住地偏僻、经济方式粗陋、较少与外界交流，那些保留了本民族传统男装的村寨更是处在一个几乎与外界隔绝的境地中。这种“隔绝”既有地理上的，也有文化心理上的。如贵州岜沙苗，虽然离从江县城只有数公里，但他们仍然固守传统，对政府推行的农村合作医疗也持一种迟疑、观望的态度。其男子的装束彪悍、独特。①

我们发现，在一个人们群体中，从服饰所反映的现象看，男性更容易改变，而女性改变较少，或是改变很慢。这是因为对一个社会来说，稳定、免遭动荡是一种普遍的追求，但人们要求改

① 在城市中，一个人只要不违法、不妨碍他人，其生活方式可以自行选择。那么，对于一个群体我们能否做到这样呢？比如，不要想当然地去“扶贫”，因为扶贫也需要对的时间、对的地点、对的方法。而且让人遗憾的是，扶贫者总是自认为有恩于对方而不由自主地想替对方做主。岜沙苗是一个很特殊的例子，既靠近县城，又与县城相疏离，寨子里弥漫着一种宁静，淳朴的气息。

变的欲望仍然需要表达，又由于两性劳动分工的特点，男性担负起探知外界的职责，他们的改变就是很自然的，或者说是必须的。当属于一种文化的教育机会来临时，好也罢，坏也罢，必须首先由男性出面应对。而一直处于本地文化氛围中的女性从表面上看是传统文化的保持者，在更为隐蔽的层面上，她们的不变成为“谋变”者疲惫后可以返回的港湾，是社会稳定运行的基石。时至今日，农村男性外出打工者依然超过女性，而女性即便外出，返乡的比例也高过男性。①

在农业劳动力析出中表现出的这样一种性别差异，原因很多，但也可以理解为当地少数民族社会自我保护机制的一种反映。然而，这一机制反过来又对分处不同位置而功能不同的两性角色发展产生不同的后果，被人们普遍认为是男性更为追求进步而女性多为保守的现实证据，其中就暗含了某种价值评判。在乡土社会中，出现一种新的社会行为，必然会导致一系列相应的社会现象的产生。比如转移农业中的剩余劳动力，表现为大量农民进城务工，劳动力资源的有效配置促进了国民生产总值的提高，但产生了留守儿童、留守妇女、农田抛荒、乡村凋敝、增大客运压力等新的问题②，所以，看上去简单的现象因为环环相扣而变得异常复杂。

特定社会群体的集体意识当然包括该社会对两性角色的普遍性认知，上述广泛存在的现象也反映了都柳江两岸水族、苗族、侗族社会对两性角色的社会期待。由于这样的期待已经内化为人

---

① 白南生、何宇鹏：《回乡，还是外出？——安徽四川二省农村外出劳动力回流研究》，载《社会学研究》，2002年第3期。

② 中国的传统文化属于农业文化，中国绝大多数的城市是靠乡村滋养的，乡村的凋敝必然使城市的发展格式化，这与后工业社会追求非类型化是相冲突的。因社会分工形成的社会高度组织化需要的是各个相异的村庄与城市，这里有一个重新创建我们的乡村生活的问题。

们的行为规范，人们很自然地依照这样的期待安排自己的生产生活，所以，他们是平静的，也是别无选择的。

西南民族传统服饰的无个体差异，表明其生产与生活中的支配性力量是他们的集体情感与神圣信仰，这与初级的社会分工和狭窄的社会公共空间有关，人们必须通过各种方式团结起来，服饰的一致是这其中的一种物化表达方式。西南民族的服饰也表现出明显的两性差异，这表明他们已经有了性别差异的观念认知及劳动分工中的两性区隔。

服饰既是一种实用物品，又具有文化寓意，它在反映特定民族文化的同时，也是对成员身份的标识，这个功能在汉族地区相对较为突出。而西南民族服饰的特殊功能是对不同群体间文化空间位置关系的标定，如关系亲疏、[①] 血缘远近、能否通婚等。

从“雌雄”到“男女”，虽然经过了漫长的人类文化的建构，但男女两性的“雌雄”属性毕竟是一个客观事实。我们现在知道社会的发展要顺应自然生态，但人类的“雌雄”难道就不是一种自然生态吗？有人认为：“当代的基因诱变试验也已经证明，生物机体及其机能确实是可以变化的；与此同时，大多数人也相信，社会关系和文化当中被构建出来的东西，更容易被重新建

---

① 比如毗邻而居的一些民族，在服饰上会有相似之处，但因民族群体不同，相似之处也不一样。外人看去只觉得五彩缤纷、眼花缭乱，当地的人们也并不十分清楚。外来的人得到解释后都会信以为真，这是相当一部分所谓“民族风情”的来源。贵州屯堡人妇女头缠白巾，有的人解释说这是戴“万年孝”，因为丈夫是军人，随时要效命疆场，但老年妇女却缠黑头巾；也有人解释说，不过就是为了漂亮，可作为汉族军人及家属，不会不知道在汉族的习俗中，头缠白巾即为戴孝。四川茂县“黑虎羌”妇女用白头帕在头顶扎成一朵大白花，称这是为部落英雄戴的“万年孝”（彭代明、彭潘丹犁：《羌族服饰及刺绣图案中的宗教文化含义》，载《中央民族大学学报》，2008 年第 5 期）。对一些民俗事象的解释，很难有一个处处通行的解释，这些意义也在社会的流变中被不断地建构着。

构。"[①] 因此，如果改变了人类的“雌雄”属性，相应的文化构建自然也会发生变化。显然这位作者说的有一定道理，男性怀孕也是可能的，但我们却应该进一步问，这样的变化现阶段足以支撑人类的代际更替吗？如果能，我们要花多大的代价呢？它还会带来别的什么呢？

“在初民社会两性分工产生之初，由于男女在身体与生理上的自然差别，就已经潜藏着日后两性分工的不平等因素。因而当条件一旦成熟时，原来潜在的不平等因素终至充分发展表现出来，其直接结果就是父权制家族的出现”[②]。正因为如此，在两性的自然属性还不能大范围地加以人为改变的情况下，我们必须对千百年来的两性角色模式有一个更为客观的认知。

我们的生活有很多无奈，每一项制度都有着不可避免的滞后性，而每项制度在解决了旧问题的同时，又催生了意想不到的新问题。就像集体意识曾孕育了纯朴的乡村生活，却又遮蔽了我们个性的发展；劳动力的自由流动鼓舞我们追寻异彩纷呈的个性，却又使我们彼此有些冷漠。

---

① 李明霞：《性别不平等的理论分析》，载《财金界》，2007年第5期。

② 葛志毅：《男女性别分工与周礼父权宗法特质溯源》，载《学习与探索》，2005年第5期。

第八章　劳动分工对两性角色的区隔[①]

在所有的动物种属里，不是人类才有分工与合作，有些动物也有分工，并在此基础上形成等级差异，如蚂蚁、蜂等昆虫类，更不用说灵长类的其他动物也有社会结构形态和等级差异。那么人类的社会与这些动物的分工、合作有什么不同呢？其实，从表面上看没有什么不同，只不过人类的社会结构在演变的程度上更深、更广一些罢了，五十步与百步之别，但走过了百步的，毕竟是看到了更多的“风景”。

有的人会说，差别还是有的，人类社会的分工与合作，即文化是有意识的，而其他动物的社会建构是无意识的。但这是从“第五十一步”才开始的，之前的“五十步”没有本质差异，人类的蒙昧时代长达百万年之久，所谓的开化不过是在数万年前，以“五十步”象征蒙昧时代已经很占便宜了。问题只在于我们无法找到“第五十步”与“第五十一步”间的清楚界限，它混迹于中间的“三十到六十”的那数十步之中。

人类在蒙昧时代没有自觉意识，没有自主性，但并不妨碍人

---

① 由于要分析到西南地区民族的生计状态，本章标题用了“劳动分工”，意指在一种较为随意的状态下不同家庭成员劳动的分工与合作。比如有人割麦或插秧，有人送饭；有人放牛，有人耕田。“社会分工”则是针对一种普遍的、用于家庭外交换的制度化劳动分工而言。比如“换工”，就更突出了家庭外交换的属性。社会分工直接影响到社会分层。涂尔干的《Division of Labor》被译为“社会分工论”，有的也译作“社会劳动分工”或“劳动分工”，涂尔干尤其注重分析行业分工如何向内形成凝聚力、向外形成寻求合作的趋向。

类在有了自觉意识之后对自我世界的秩序与规则的建构，并给自身的各种行为赋予意义，自导自演、自娱自乐、自伤自疗，把人类从动物世界中区别出来——或者这就是不平等的第一步——建立一个以人类为中心的局部小世界。① 但是作为人类中的个体，我们每一个人又都沉浸在这个自我建构的世界中而不能自拔——做不到既注重当下的生活，又超然于物外。所谓超然物外，即是对之前“五十步”的承认与回归，及对“百步”之后的畅想。②

一、差异分类、劳动分工与等级

我们身外的世界并不分类存在，五花八门，乱七八糟，纠结混杂，每一个个体都是对这些存在的高度集中的独特反映。身外的世界反映到头脑中，头脑并非镜子，不同的头脑中的不同映象证明反映具有选择性，这种有选择性的反映就是最初的认知，认知的必经途径是分类。如何分类构成不同文化的基本差异。牧业民族对牲畜的分类、采集为生的民族对植物的分类、狩猎民族对不同生长期的动物的分类，都详细而有地域特点，并由此形成相应的生产习俗：牧民对牲畜繁殖期知识的掌握，山民对植物习性的了解，猎民对孕兽的网开一面。这些知识在表现出对生存所具有的实际功能的同时，也反映了这些民族如何在“大地”上勾勒

① 在“无情无义”的宇宙中，人类为自己划出一片天地，绝大多数的人类在这个自营的空间里迷失，而类似于老子、庄子这样的人物却自觉地冲破了这道无形的墙，成为照耀后人的永不熄灭的光芒。

② 第一章中引用了存在主义关于“大地”与“世界”的说法：世界是人类在大地上勾勒出来的。我们沉浸于自己创建的世界，逐渐忽略了大地。但《老子》第五章有：“天地不仁，以万物为刍狗；圣人不仁，以百姓为刍狗。”庄子反复论说的就是至大无形的宇宙，才是永恒的存在。

出自己的“世界”。

而一旦分类定型，我们每一个人又都被框定在这些虽然抽象但又强有力的框架中，这种框架在给我们的言行以明确方向的同时，又禁锢了我们的心灵，某种时候用作茧自缚来形容也不为过。①

对所处世界的分类又自然投射到人与人之间，人的劳动必须与自然界的差异存在、人的自然属性相对应，但不同的劳动投入的精力是不一样的，不同的劳动对群体的意义也是不一样的。可以说大自然的差异存在是人类社会差异的逻辑渊源，它无情无义存在了数十亿年，并还将继续无情无义地存在下去，没有别的生物体感知这种差异，并好好利用这种差异，直到人类出现。②

人类文化的起始就是对自然差异的利用，从开始的顺从利用，到逐渐的改造利用③，在这个过程中，人类也建构了自己的

---

① 最著名的莫如千禧年之说了。对时间的抽象性与相对性特点的忽略又一次从反面证明人类自娱自乐的精神确实强大，以至于“以己之矛攻己之盾”，即用一个没有普世价值的概念（基督教的历法）来号召一次普世性的联欢。另一个普遍现象是：众多的文学作品描写了在一个文化环境中如鱼得水的人，在换了环境之后所做的困兽之斗，先前的优秀何尝不是之后的“束缚”。而另一种捆缚则要隐蔽得多，比如抱残守缺、墨守成规等，褒义性的行为是发扬优秀传统等。再好的制度也有一个时过境迁的局限，道理应该很浅显，但“在同理性永恒的冲突中，失败的从来就不是感情”（［法］古斯达夫·勒庞著，冯克利译：《乌合之众——大众心理研究》，桂林：广西师范大学出版社，2009 年，第 87 页）。

② 当然，生物学会告诉我们，动物对特定区域自然特点也有适应性变化，但这种变化是被迫的，在时间上是漫长的。

③ 由此看来，社会的“势利”是与社会共生的。社会与自然的二元对立是与生俱来的，导致人的自然属性必然面临社会的异化，“居中平衡”看似痴心妄想。这也许就是形成人类“终级纠结”的根源。

局部世界——人类社会内部的差异存在。[①] 所以，差异既然是我们生活的本质，何妨坦然面对，去理解某些差异存在的“无奈”，去寻求某些不良差异的改变途径。

我们对个体融入社会时所要完成的过程——社会化，是能够理解的，但对一个群体作出配合社会需要的选择，能否理解呢？当这样的配合是一种历史情境的必然要求时，我们要么只关注它的历史必然性，要么只关注这个群体因为这个选择而承受的痛苦，两种关注显然都有失偏颇。女性群体和男性群体在共同完成社会的运转时[②]，是否也有类似的处境呢？历史上女性凭性别出嫁、男子凭能力娶妻，两性各自都贡献了什么，又丢失了什么？

当我们从性别的角度来审视社会的整体性存在时，应该理解，两个性别集团的整合需要条件，而所谓条件，就是两个性别集团得失的权衡，两性之间“讨价还价”的行为在人类社会生活的广阔领域中无处不在。在既往的整合过程中，女性集团明显处于“下风”，但这个“下风”不足以成为我们推翻之前所有整合条件的理由。但这个问题的复杂性还更多地来自人类行为的不确定性，没有人不会对自己的历史投注以情感。漫长的“谈判”、“钩心斗角”的过程，有时已经让我们忘了究竟为什么谈判，究竟想要什么。其实，愿望本身简单，倒是实现愿望的过程波谲云诡。

人类的劳动分工涉及两个方面的分类标准：一是性别的、年龄的及禀赋的，我们习惯称之为自然分工。但越往后我们就越能

---

① 不要奢谈创新，今天我们的生活主要还是模仿，有的模仿需要我们放弃一些切身利益，比如自然的乡间生活需要放弃功名利禄，在都市中的奋斗需要放弃闲暇与宁静。可以兼顾吗？必须兼顾，因为乡间的宁静与都市的喧嚣恰恰是两相比较而来的。人既渴望物质的富足，又需要自然本性的恬然。

② 历史上的经典基本上都是男人写作的，采用的都是男人的视角，但今天我们不会认为这些经典只对男性有意义，我们说这是人类的共同财富。

发现，这“自然分工”一说多么的失当，正是由于人类自然差异的存在，社会因此相应地衍生出那么繁复的文化，这些文化又反过来使这些自然属性与禀赋被打上性别的烙印。二是以劳动特点分类，如农业与手工业、劳心与劳力等，我们习惯称之为社会分工。也就是说这样的分工是社会在漫长的磨合与适应中带着约定俗成的特点而形成的，并逐渐发展为制度化的分工。但我们很容易就发现，所谓社会分工，其实在许多情况下也参考性别、禀赋、兴趣、体力、体形等非社会因素，这些先赋性的特点在人们寻求各种合作的过程中表现出不同的功能而被附以不同的价值。最突出的例子就是艺术类及演艺界从业者的选用，除了身体条件外，先天禀赋可能更为重要。再比如，即便到现在也没有女矿工，军队里，尤其是作战部队里服役的也主要是男性，女性军人的象征意义大过实际作用。

对差异的利用是提高效率的关键，在此过程中，差异表现出不同的作用，被社会附以“高低贵贱”的价值评判。比如1、5、9三个数字，平均数是5，三个数字间差异较大，但9对平均数的贡献最大。同样的三个数字4、5、6，平均数也是5，没有明显的贡献者，三个数字间差异较小，差异异化的可能性相对就小。①通常说来，9必然拥有较高的声望与地位，在社会中就会因此获得连带利益，挤占1的利益份额。要缩小社会分化程度，除了压制9、提高1这个消极办法外，积极之道是全面提高，把1、5、9发展为3、6、10，整体都提升，但对1做一些扶持，虽然9只增加了1，但它的环境优化了，原先1与9的差距缩小为3与10的

---

① 古尔德的《生命的壮阔——从柏拉图到达尔文》（范昱峰译，江苏科学技术出版社，2009年）分析了生命演化过程中差异的扩张与缩小。书中阐释的是差异扩张对社会的危害，但差异缩小也会带来伤害，如中考与高考，学生的学习状况日益趋同，在此情况下的“择优录取”势必增加竞争的激烈性，受伤害的是孩子。

差距，之前9要为平均数贡献4，而今只需贡献3.7，而整个社会发展状况则由5提高为6.3。

这是对极其复杂的社会异化的简单描述，亦即自然差异异化为社会差异的一种简单理解。社会差异一旦出现，消除的可能性几乎不存在。《老子》第十八章说："大道废，有仁义；智慧出，有大伪；六亲不和，有孝慈；国家混乱，有忠臣。"《庄子》的《胠箧》、《在宥》两文都认为圣人是天下利器，圣人不死，大盗不止，主张绝圣弃智，以达天下大治。但从权力认知体系的角度看，正是"圣人"及他们创立的知识体系在掌管这个世界。可见，我们能为之努力的也就只是"社会差异趋同"这个方向了，但只是趋同，而不可能消除。

在对差异的利用中，我们自己把各种差异的"价值"进行了称量，忽视了有的差异不可替代、有的差异更不可度量。而且，在讨论这些道理时，人人都很明白，只是身在其中时却往往茫然不知，还有很多人在很多时候迷恋于对差异价值——特权利益的获得，有意制造或维护差异。

众多文化系统中两性的生存及发展状态都有大小不同的差异。在我们的文化中，我们习惯于用"男尊女卑"来对以往的两性角色差异做评价。我们的问题是，影响或者说是决定两性角色模式的最根本因素是如何在诱导这一过程的？在横向的社会背景与纵向的社会发展过程中，"男尊女卑"是否能准确概括既往历史上两性角色的复杂状态？或者说在两性权益确实有别的情况下，是否还有一些重要的事实被掩盖？依靠现代文明观念及高超技术手段是否真能跨越性别的各种差异，在社会分工的领域内彻底排除性别及其他非社会因素的影响？或者，我们应该直接就问：用人为的力量消除两性间的差异会对人类本身产生什么样的深远影响？用人为的力量彻底消除两性在社会分工中的差异，那么，由此上溯，我们又将如何面对两性的自然差异？

两性差异扩张是社会性不平等的表征，在致力于缩小这种差异的同时，还必须看到其存在的渊源，这样的努力也必将给社会带来意想不到的影响。

二、社会对不同劳动的评价

根据人类的生理差异，女性完成怀孕哺乳，男性负责觅食和保护妇孺，这一劳动分工由于以人类两性的自然差异为基础，在最初始时期并不具备文化属性，许多动物也有类似的分工，但这看似简单的人类分工，已经深刻而长远地为两性角色的发展方向定下了基调。从那时至今，两性基本依照这样的角色期待来发展。在我们已知的漫长的人类社会历史上，女性为了这一特定的角色，必须积累起耐心、细致、周到等性格特征，男性则必须养成勇敢、灵活、坚强等性格特征。也就是说，这些性格特征都不是因性别而先天具备的，它们本身没有鉴定拥有者性别的功能，而只是男人、女人为了完成各自的角色而养成的性格特征。但是自然人从出生时——也许还更早，就已经被纳入到社会的“驯养”过程中，随社会发展而发展的社会角色期待的强烈暗示作用，会在很自然的状态中把每一个人带进社会文化的运转体系中。① 每一个男性或者女性都应该逐渐拥有被社会定向期待的那些品德，成为符合社会期待的男人或女人，于是，那些品性也就有了性别属性。一个温柔细致的男人，一个彪悍粗嗓门的女人，都是特别的、让人侧目的人，这成为一个藏而不露的评论标准。

---

① 那些适应过程不顺利者被我们当作有精神疾患的人。但如果我们认识到社会文化体系本身就有着某些不可避免的缺陷，那么，就能够理解正常与非正常之间的界限其实是模糊不清的。甚至何为正常，何为不正常，也是可以探讨的。

当然，这只是一个标准的模式，是对大部分人而言的，是保障社会正常运行的对广大成员的期待，会有一些例外或不规则情况存在。比如，不会持家的女性或者无力养家的男性（这里的“不会”与“无力”其实又有很复杂的原因），社会以对这些人的否定性评价来鼓励那些“达标”的成员，并树立优秀者来激励其他成员。各地各民族都有传说、故事宣扬那些优秀形象。社会对标准角色模式的推广，使社会对两性角色的期待界限分明，许多介乎其间的角色形态不被社会认可，人性的复杂与多样被压抑，人们在精神世界的自由追求当然也就无从谈起。

在绝大多数传统社会，自然分工还包括年龄分工，但这只是一个暂时性现象，而且是在为很快到来的正式的社会角色做“培训”。本书略而不谈。

分工使人类劳动效率提高，这昭示出一个可观的发展前景。人类的自然分工如果仅仅停留在育幼觅食上，那也就是动物界的水平，但人类发现并利用了这一分工所带来的两性角色差异互补的前景。这个差异在把人类分为明确的以“男女”而非“雌雄”为标志的不同角色的同时，又在一个更为广大深远的视野上把人类结为一个整体。

由于今天两性分工的演变已经远离了初始的以自然属性来分工的初衷，所以，今天的研究者也更多地从社会文化的角度来分析两性角色差异，很多研究者也承认性别作为自然分工的一个充分条件有其逻辑上的合理性，但作为社会分工的一个必要条件就是问题。① 只是较少有人进一步分析这样规定的社会基础。一个重要的原因就是要在高死亡率、低寿命的前提下保证群体自身的

---

① 章立明：《后现代女权主义事业中的性别分工与妇女解放》，载《甘肃社会科学》，2007 年第 1 期。此即自然因素在两性社会角色中的延伸，造成现实状态的原因较为复杂。

繁衍，高水平的代际更替要求社会必须对生育劳动付出相当的精力和时间。从这个角度，我们才能对“女性被当作生育机器”有更为深刻的认知。

国外对两性不平等的研究从二元论角度出发，将两性对立起来，“男权制度的物质基础是男性对女性劳动力的控制。男性不让女性接近必要的经济性生产资源，并对女性的性特征进行限制，使这种控制得到维持。男性在接受女性提供的人格化的服务过程中，在逃避家务劳动和儿童抚养工作的过程中，在以满足性欲为目标而占有女性身体的过程中，在感知权力并品味权力的过程中，对女性实施控制”①。虽然这段评论基于普遍的社会事实，但单向度的思考恰恰忽视了社会事实的三维甚至四维存在状态。男性的权力来自社会，如果两个性别集团的关系真如所评论的那样剑拔弩张，那这样的状况能维持多久呢？箭在弦上，不得不发！再者，社会建构就是对差异的利用，在不断消除旧差异的同时生成新的差异。所以，该如何看待差异呢？

我们就以男权制为例。关于男权的产生，通行的解释是由于男性在生产领域里的贡献越来越大，这个判断来自对广泛存在的男权社会的观察，是合乎事实的。但我们还可以从相反的角度来进一步认识男权制。中国西南横断山区有的民族有走婚习俗，在由此而形成的母系家庭结构中，男性一生生活在母亲或姐妹的家庭中，不用承担明确的责任与义务，即没有男权社会中男性所必须承担的养家之责，社会文化对他们没有明确的角色期待。而从人的心理特性来说，这样的“难以承受之轻”对人的禀赋、才能的开发及责任感的强化是无益的。由此反推，人类不同社会群体

① ［美］Heidi Hartman：《马克思主义和女性主义的联姻：迈向更为进步的联合》，载戴维·格伦斯基：《社会分层》（第2版），北京：华夏出版社，2005年，第594页。

之普遍确立男权制，实是达到了使这一半的人口承担起相应的社会责任的目的，具体表现就是生育并养育自己的后代，动物人的雄性演变为人类的男性。与此同时，社会财富的积累量在增加，并以此为基础，拓展了我们生活的意义空间，当然，是男性主宰的空间。

过去汉族有一种习俗，如果家有不肖之子，父母要早早为他张罗婚事，以让儿子尽快认识到自己肩上的责任。责任与权利是可以相互转化的，权利越大，意味着责任也越大。我们在研究两性角色差异时，在看到男性的权力的同时，还应该看到社会对男性的责任要求。黄仁宇在《万历十五年》中就讲述了李贽在倭寇的骚扰中艰难维持大家庭生计的事，类似的人物还有归有光。[①]而他们对承担这样的责任都有力不从心但又必须承担的无奈感受。社会对女性则没有这方面的要求。

所以，针对以往的传统社会，本章要反复说的一句话就是：女性以性别出嫁，男子凭能力娶妻。

社会分工实际上是在自然分工的基础上形成的。“无限复杂的社会分工实际上是基于人类简单的自然属性和自然分工基础之上的。这是我们对于社会分工本身的一个不可忽视的认识基础”[②]。社会分工的一个核心就是把自然分工形成的两性角色用文化的方式固定下来，根本目的是既保障人类的代际更替，同时又改善生存的质量。而由于社会自身的自组织性，分工亦逐渐日益复杂[③]，在劳动形态上的分工和在劳动成果交换上的合作的过程

---

① 黄仁宇：《万历十五年》，载《黄仁宇作品集》，武汉：长江文艺出版社，2002年。

② 陈惠雄：《婚姻、道德与社会等级：基于分工的社会演化分析》，载《社会科学战线》，2005年第1期。

③ 梁志勇：《社会分工起源：有机体的自组织性与时间的专用性》，载《求索》，2006年第3期。

中，人类社会的发展日益迅速。社会分工同时也存在着极大的局限性，“马克思主义唯物辩证法也揭示了人类社会分工引发了许多社会矛盾，首先是物质劳动与精神劳动相分离……其次是消费与生产的脱节……再次是群体利益和个体利益的矛盾……这些因分工而产生的异化的矛盾，加深了生产力与生产关系的矛盾，阻碍了人全面自由的发展”①。分工给人类社会带来广泛且深刻的影响。人作为一个生命体，本可以在丛林里生存，现在则“退化”为社会这个“生命体”的组成部分。

不错，社会分工是生产力发展的结果，如手工业从农业中的分离，就是农业发展的结果。但我们所谓的生产力的发展实际上是一个漫长的过程，而且越是在人类社会的早期，这种发展的速度就越为缓慢，这中间必须有极为繁重的人类的代际更替活动与之相呼应。而在20世纪中期以前的漫长的人类社会历史上，高死亡率、低寿命都使多育成为各种人们共同体的普遍追求。生养成为人类必须用文化的手段加以保障与规约的社会行为。多年来我们对历史的研究过于关注物质财富与精神财富的创造，但这些创造活动是在一代代人的持续努力下完成的。繁重的生育劳动究竟应占社会总劳动的多少份额呢？我们评价女性在历史上的贡献时，只提那些在政治经济文化领域做出杰出贡献的女性，而把耗尽女性一生且为人类社会存在与发展所必不可少的生育与家务劳动都忽略不计了。

社会对全部劳动的构成与评价都表现出明显的但似乎又是无可厚非的功利性：重要的、明显的、较难的劳动，高于较普通的、较容易的、被掩盖了的劳动。所以，对差异的利用导致了分工，而分工又凸显出差异的价值，不同的劳动于是就有了高低贵

---

① 刘笑菊、周国峰：《从马克思的分工理论看人的全面发展》，载《经济与社会发展》，2007年第5期。

贱之分，从事不同劳动的人也就有了高低贵贱之别。

三、西南少数民族的劳动分工与社会分层

从传统生计方式看，西南地区少数民族的劳动可以分为两大类：水田稻作与山地农耕。

水田稻作可以分为河谷平坝稻作与梯田稻作。河谷地区用人工方式如水渠、风车引水种田，以此为生的民族主要有傣族、布依族、白族，还有部分苗族、彝族及其他居住在类似自然环境中的其他民族的部分人口。梯田则根据山区的特点，主要靠雨水，或是从更高的山上引水。西南山区纬度低，降水充沛，很多海拔在1000米以下的山区都有适合种植水稻的温湿条件，梯田成为当地各民族的一大智慧结晶。通常说来，只要有适合的条件，能种水稻就要种水稻，因为水稻亩产通常稳定且较高。经营梯田稻作的民族有哈尼族、苗族、彝族，也有傣族。同样是种植水稻，但傣族与侗族也是有差异的，侗族地区种植水稻的温湿条件不如傣族，其对温湿资源的利用更为多样，如稻田养鱼、适应性稻种的培育等。生计方式与民族不是完全吻合的，更何况西南地区地貌、气候多样，与自然结成的能量转换关系也必须因居住地区的特点而做有针对性的调整，所以民族内部差异极大。最典型的是苗族，既有黔西北高寒山区农耕兼牧业的苗族，也有黔桂湿热低地丘陵的稻作苗族。

对水田的经营提高了社会财富的积累程度，人口相对聚集，致使该区域的社会孕育出相应的社会公共空间，有闲阶层出现，改进生活质量的手工业开始成长。而每一次社会分工的细化，都是在更高层次上对社会经济生活的组织化，细细探究起来，原因很简单，所有从事非农业生产的劳动者都需要农产品，因而都需

要交换，而随着交换的升级，集镇出现，各种契约合同再把人们绑定在一起。而这些不同劳动的不同水平的交换又催生了对这些交换行为的管理。

经营此类生计方式的民族，在较早的时候就发展出自己的社会公共领域，有专职的管理阶层和有闲阶层，如平坝地区的傣族、彝族、白族，他们在历史上都有过自己的政权形态。其他民族主要是以个人身份进入当地的政权组织或国家的行政体制中，成为一定地方的社会管理人员，但这些人对本民族社会来说，还难以构成一个有影响的阶层。比如某些民族的知识分子参加科举考试，然后被纳入到国家的行政机构中，但这并不意味着这些民族已经具备了容纳这样的汉文化知识分子的社会公共空间。也有整体被包含进一个政权体系中，因俗而治。比如南诏政权管理下除乌蛮以外的其他民族群体；明代傈僳族、普米族也都曾被纳入丽江土司的管辖范围中。

山地农耕以旱地种植为主，根据主要辅助方式可以分为耕牧与耕猎两大类，采集是他们的一个重要辅助门类。在植被茂密的山区，主要为耕猎生计，怒族、独龙族、佤族、景颇族、基诺族、傈僳族及部分苗族、瑶族、白族、彝族以此为生；农耕主要是旱地农耕，经营方式也相对粗放，单位面积的粮食产量较低。而在高海拔地区，则耕、牧结合，纳西族、普米族、部分彝族、云南西北的藏族、贵州西北的苗族以此为生，由于所居住地区的海拔较高，所种植品种也有自己的特点，如有耐寒的荞麦、燕麦、青稞等，牧业以饲养山羊为主，猪也是放养。尽管农耕本身内部也存在很大差异，但春播秋收的规律不变。

山区的生产生活条件远远比不上平坝和河谷地区，千百年来，当地各民族所拥有的生产技术水平低下，没有大幅度促进社会财富的积累，贫穷的社会不足以养活一个有闲阶层，也就不能孕育出相应的社会公共领域，而没有尊贵的空间，看上去种类繁多的劳动也就没有贵贱之别。

这些分布在高山深谷中的寨子，主要靠一些传统的约定俗成的“制度”来管理，进入这个管理空间的主要是一些辈分高、生产生活经验丰富但非专职的成员，血缘对这些人的管理资格认定有着关键作用。这些制度包括家支制度、家族制、寨老制、议榔制、山官制、款约等。

在一些地势相对平缓的地区，社会经济也能积累到一定的水平，社会公共领域因此有一定程度的发展，并得到国家的认可，此即元明清时期的土司统治区。其中一些地区在改土归流后与中央的行政体制相接轨，一些当地少数民族的精英人物也以个人身份进入国家的行政体制，有的还被派到其他地方任职。

当然，不论是分布在平坝河谷，还是高山草甸，所有的民族都还有另一部分无可替代的劳动，即由婚姻与生育行为衍生出的家务劳动，且远比今天我们所理解的家务劳动要繁杂得多，包括怀孕育幼、赡老、炊爨、副食制作、家禽畜饲养、纺织染裁缝、采集、清洁、家族邻里应酬等，通常还包括房前屋后的种植。西南山区不同民族的家务劳动内容有一些差别，但大体包括上述类别。这些劳动基本上由一个家庭里不同年龄段的女性——祖母、主妇、女儿承担。

综上所述，西南地区由于社会经济发展的总体水平较为低下，社会分层不明显，而社会分层实际上是“产生明显不平等的社会制度体系”①，所以，在西南地区各民族的传统社会中，缺乏各种不平等现象广泛产生的社会根源。

当然，对西南少数民族来说，还存在一个外部的分工体系，清水江和都柳江流域的林业进入近代的商业化经营模式后，当地

① ［美］David B. Grusky：《社会不平等的过去、现在和将来》，载戴维·格伦斯基：《社会分层》（第2版），北京：华夏出版社，2005年。

各民族成为该产业链的基础劳动力。他们不是工业化意义上的产业大军，他们的生活来源更多依靠的是耕田，从事林木种植，只是增加一种生活来源。但从外部更为宏观地来看，他们的植林劳动具有一定的社会分工意义。

而云南与藏区，与缅甸、越南等东南亚国家的沟通，似乎也促进了界限不是很分明的工商阶层的出现，但这样的分化一直未能明朗。

在一些相对较为富足的区域，社会的发育逐渐丰满，在自成一种社会空间的同时，还有中央政权的不断延伸，成长起来的有权有闲阶层中的突出成员被中央政权吸纳，这样的分层超越了本民族的社会现实。他们构成了本民族与国家间的纽带，是民族外部的政治意义方面的社会分层对西南民族社会的阶层划分。

西方的社会分层研究已经十分深入、细致，但他们的研究重点是现代社会的分层，许多理论与中国西南少数民族的社会状况难于兼容，但在为什么会有分层的理解上，有参考价值：各种物品和服务都是为人所想要但却又是稀缺的，因此，必须有社会安排来对它们进行分配，这样的分配根据声望和尊重来区分不同的个人，这就必定带有一定数量的制度化不平等。[①] 分层的意义就是让不同的人得到不同报酬，本义是要达到公平，但这样区别对待（分层），就成为产生明显不平等的社会制度体系。社会分层的另一个核心含义是：特定的报酬（即前文的物品与服务）是针对特定的位置的，而与人无关，即位置常在，但占有这个位置的人常换，以血缘为继任资格，即世袭制；以才能为继任资格，即竞争制。社会分层的起源就是这样，本意是因为人的性别、禀赋不同，所以要差别对待，不想却滋长了不平等。可如果不差别对

---

① ［美］Kingsley Davis，Wilbert E. Moore：《分层的一些原则》，载戴维·格伦斯基：《社会分层》（第2版），北京：华夏出版社，2005年，第39页。

待，难道奉行原始平均主义吗?

社会分层也有初级与高级之分，这主要是从分层的标准来看的。初级分层仅以血缘为准，由此形成世袭制，各等级间是封闭的。该典型类型存在于凉山彝族的传统社会中，森严的等级观念在民族内部亦形成阻碍成员间流动的封闭状态，极大地约束了社会的发展。土司制度也遵循了世袭的原则。于是，高等级永远为高等级，虽说这个制度在初始阶段对社会的有序化有着某些积极的意义，但其消极的本质使该制度的反动性与日俱显。在过去的凉山彝族中，高等级的女性不能嫁给低等级的男子，尤其是黑彝女子不能嫁给白彝男子。出身低等级的人，即使家道富足，也无法上升至高等级。这一制度及由此衍生的行为方式对彝族社会的发展形成极大的束缚。传统的彝族社会是一个强调男尊女卑的社会，但这样说是笼统的，而应该说在同等级中主张男尊女卑，因为在观念上高等级的女性显然比低等级的男性要尊贵。历史上云贵交界地区的彝族土司身故后，如儿子年幼，由其母代摄，被称为女官。

高级的社会分层其实说来也简单，要言之，就是社会阶层之间是开放的，而社会的文明主要表现在对这一开放性的自觉保护上，即鼓励成员通过自身的努力向上流动。中国传统社会阶层之间的有限开放极大地得益于科举制度，教育是大部分群体中的精英向上层流动的重要途径。由于儒家文化中对女性的定位，女性无由参与科举考试，女性地位等级的改变依附于其父亲、丈夫、儿子的沉浮，所以，也可以说，随着世袭制的松弛，在中国的大部分社会中，男尊女卑的现象跨越了等级，成为一种普遍的历史事实。传统社会认为女性主要从事的劳动既不需要特殊的禀赋，位置也“很容易被填补”①，在这样的分层规则中，女性自然只能处于底层。

当然，高级的社会分层并不是彻底放弃了血缘。比如财产继承法使继承人无须经过自身的奋斗便可以血缘亲属身份拥有巨额财富，跻身社会上层。中产阶级的子女更有可能接受优良的教育从而获得较高的竞争力。实际上，血缘在退出政治舞台的同时，在社会的其他领域继续使我们的生活丰富而又复杂。

我们最为熟知的中国传统社会分层是“士农工商”。就西南地区而言，主要缺乏“士”这一阶层。我们可以从地方志中找到材料了解当地有什么样的人高中得仕，但这样的人是以个人身份进入国家的行政体系，并不意味着本民族的“士”的阶层的形成。而本民族的创造并掌握着本土知识的人们，又因为还没有实现“生产与消费的脱离”而享有“尊贵”的地位。

社会分层的实质是某种制度化的不平等，分处不同阶层上的人自然也是不平等的，这些不同层级上的人所从事的劳动自然也就有了高低贵贱之分。而随着社会的演变，职位（劳动）与人逐渐分离，“座上宾”可以变为“阶下囚”；“人一走，茶就凉”，而职位（劳动）本身的“高低贵贱”却并不因人而异。职位的高低好理解，但劳动的贵贱似乎不太直观。在彝族传统观念中，战死是荣耀的，是高等级的黑彝才有的权利，而汉族传统上推崇“耕读传家”，但在今天也已经过时。劳动的贵贱决定于是否能把从业者提升到更高的层级，或者是使从业者得到更多的报酬。所以，即便今天的大都市需要大批优质的家政劳动力，一些有针对性的家政劳动报酬也还可观，但目前家政劳动的“高低贵贱”大家是心知肚明的。

---

① ［美］Kingsley Davis，Wilbert E. Moore：《分层的一些原则》，载戴维·格伦斯基：《社会分层》（第2版），北京：华夏出版社，2005年，第39页。

在西南地区，社会发育水平整体低下，到20世纪上半期，发展快的地区，其社会分层也主要以世袭制为主，仅限于“治人”、“治于人”这样一种大概的分层。[①] 在已经建立了国家统一的行政管理机构的地方，由于本民族社会传统文化的独特性，人们在科举考试中不占优势，工商又因本钱而限制了规模，实际上稍有规模的工商业都为官家所控制。所以，在西南少数民族地区，社会分层的现象还不明朗，在艰难的生存环境中人们缺乏社会支撑，把另一部分人——其中就有女人，用来作为自身身份的说明。[②]

所以，我们无法用“男尊女卑”来概括说明西南少数民族的两性角色差异。两性角色差异是一种普遍存在的事实，有合理的起点，后又经历了程度不同的自然差异被异化为社会差异的过程，而“男尊女卑”只是两性角色差异中的一种现象。

四、社会分工的结构性特征

社会分工受两个因素制约：一是社会生产能力的发展水平，这个能力包括生产技术水平与组织生产的方式。二是社会成员的构成。社会分工不仅是把人类的劳动分割成不同的类型，而且还

---

① 《孟子·滕文公上》：“故曰，或劳心，或劳力；劳心者治人，劳力者治于人；治于人者食（应念 si，第四声，给……提供食物）人，治人者食于人；天下之通义也。”多年来，孟子的这段话多被我们当作其为剥削制度的合法性辩解的言论，其实这篇文章讨论的是社会各有分工，不同行业的人应该各司其职，而不是事事躬亲。引用他人文章语句的缺陷是明显的，总是难免脱离原来的语境，再三转引，意义就全变了。此处，“治”当然可以当作“统治”来理解，但“治”还有管理、治理、探讨等含义。

② 男权的实现，必须有社会系统的支持，而不是男性凭单方之力而实现的，也不是仅凭男女生活状态有差异就可以判断的。

把这些不同的劳动类型又通过互相交换产品的方式结合为一个整体，共同表现为一个多面的并随时间的延续不断滚动的结构，使社会存在日益复杂。

比如手工业从农业中分离出去，但同时，这两种生产之间又必然结成产品的交换关系，并随着生产的发展，交换的原则与内容都日益复杂。所以，每一种社会分工实际上都促成了另一种意义上的合作。手工业的发展催生了商业，交换的发展又促进了农业生产，使其不再满足于劳动者自身的需要。分工在今天的社会已经发展得十分繁复，不仅在一个特定的社会群体间存在，实际上更为突出地在国际上存在。人类社会在这一过程中亦被高度组织化。一个美国人写了一本书，书名为《离开中国制造的一年》，书里讲到他把所有标有“made in china”的物品都置之高阁，结果生活无法运转。[①] 我们知道世界上近一成的制造业在中国，印度的IT产业在世界上遥遥领先。离岸生产、外包等方式的流行，也表明世界范围的分工如何大大地提高了生产率。分工实际上还存在于学术研究领域，在特定的政治经济背景下，有的国家做采集材料的工作，另一些国家在此基础上做理论研究工作，这两类国家间就存在着一种非常隐蔽而微妙的特殊关系。[②]

西南地区的社会生产力的发展相对处于一个较为缓慢的水平，劳动形态的多样是对复杂生存环境的适应，不等于社会分工的细化。比如捡蘑菇不是一个行业，放羊也不是一个行业，但这些劳动在某种时候确实又表现出某种家庭外的交换性质。之所以

---

① ［美］萨拉·邦焦尔尼：《离开中国制造的一年》，北京：机械工业出版社，2008年。

② 许多学者在做着国外资金资助的研究项目，借外国人的钱办自己的事，这似乎是一种很聪明的做法。但有的国外项目，只不过是在借用他人他国的力量来达到收集资料的目的，借此他们总是居于此类事务的高端，可以长久地处于领先地位，拥有一定的预见能力，从而拥有发言权甚至决策权。

说这些劳动不是行业分工，主要是因为这些“从业者”大多并不以此养家糊口。以临时性的劳动来补贴家用，是很常见的现象，与行业分工无关。

但另一个需要一提的现象是，由于该区的地理位置，与藏区及南亚相通，在本区内部交换有限的情况下，却形成了相对繁荣的与外部的交换。云南茶的西出与贵州木材的东输，成为西南地区与外界联系的两宗代表性商品，这两宗产品产量的大半都是供应给区外的，当地人其实消费不了这么多。汉代的“南方丝绸之路”、唐代以来的“茶马古道”都证明了这一点。这一类交换体现出的是地区间的分工。

不同的劳动类型间存在特定的关系，共同组成一个社会的总劳动，于是就赋予各种劳动类型不同的结构性特征。农业是西南地区少数民族的基础产业，在其传统社会经济结构中占主导地位，而牧业、采集、经济作物种植有重要的辅助功能。社会的不同劳动形成一个有机的整体，这样一个整体的组成部分就必然带有一些结构性特征，如果我们把它看做一个三维空间里的多面体，就必然有迎光面与背光面、朝上的一面与朝下的一面。农业就在那正对光源的一面，即迎光面，其他辅助门类依重要性紧邻此面。但这个三维体还是滚动的，于是到了工业社会、信息社会则又有不同的行业结构特征，所以也才有我们所熟知并常用的一些话语，如“上层建筑”、“经济基础”、“热门专业”、“朝阳产业”等。而包括生育在内的家务劳动则是放置于地面的那一面，这一面必不可少，却难为人所见，毕生以此类劳动为主的女性自然处于劳动分类结构的底层。社会结构的势利由此可见一斑。妇女的解放于是粗率地表现为走出家庭，忽略了“解放”还包括甚至更侧重于指的是精神意识的解放。①

女性的结构性底层地位也可从今天的都市社会中找到反证。随着生育劳动的大幅度减少，多种家务劳动逐渐被社会化，更为重要的是，由于教育的作用，女性有了空前的机会通过发展自身的能力进入更高的社会阶层，但生育劳动、家务劳动的结构性底层及隐性状态没有改变，都市中那些料理家务的男人得不到高的社会评价，“贤妻良母”成为明褒实贬的评价。所以，我们看到众多的都市女性通过不结婚或不生育以通畅自己的发展之路。

在西南地区，各少数民族社会劳动的结构相对简单，劳动的样态虽然很多，但贵贱不明朗，不同劳动者之间的尊卑也不清晰。在此基础上，两性的社会地位实质上不可能有太大的差异，或者说西南民族社会劳动的结构性特征较为简单，女性与男性地位的结构性差异不明显。也可以说，由于剩余的社会财富较少，导致社会分层不发达，在横向上没有通过劳动分工与交换提高效率，并使社会日益组织化，在这样的社会条件下，男性没有可以依凭的社会性资源实现对女性的占有与控制，两性的不平等不能成为一种普遍的社会现象。

五、两性角色差异

根据以上的分析，可见，用“男尊女卑”来解释西南地区少数民族的两性角色差异是过于简单化的方法，应该用“两性角色差异”取代，“男尊女卑”只是两性角色差异中的一种表现形式。

---

① 如此粗放地理解妇女解放，致使今天的一些女性，既渴望走出家庭、在经济上独立，但却又在精神意识上缺乏独立性，所以在寻找婚姻对象时，设置种种物质条件。还有一些女性，既要做好公职，还要完成好传统的家庭角色，产生新的不公正。

从劳动的难易程度看，越是精细的劳动，就越是需要积累相关的知识和经验，水田稻作的田间劳动要大于旱地，而种植玉米、小麦又比烧山轮作花费更多的精力。当然，一分耕耘一分收获，所以，好的田间把势，在村里是广受尊敬的，他们不仅知道如何种好田，还知道与种田密切相关的天气、牲畜的习性、植物的分类及习性。但经验需要学习、积累，这是要花精力与时间的。综观前文所列出的西南地区少数民族的劳动类型，不管是水田农业还是旱地农业，农业劳动在其经济生活中占主要地位，从事这些劳动的主要是这些民族的男性，女性虽然也参与，但居于协助地位，男女的重要性在农业生产上显然不一样，细究这个角色差异，仍然只能算是一个出于方便的分工。

过去西南山区的女性还必须承受由于物质与技术的缺乏而导致的较之男性要大得多的生理方面的痛苦。20 世纪 60—70 年代，我的母亲在云南一个县做妇幼保健工作，那里的山区女性还用非常简陋的方法解决经期卫生。频繁的怀孕与生育极易导致妇女子宫脱垂。产褥热、难产、婴幼儿的高死亡率都让人们非常无奈。就算一切顺利，但生产过程的惊心动魄仍然让人心有余悸。在一些资料中我们可以看到，在有的山寨里，当妇女临产时，她们通常都选在牲口圈里，身边没有接生婆甚至家人的照料，一切听天由命。我们把这样的事实归结为当地社会对女性的歧视和伤害。这些事实说明了过去那里的女性无奈而无助的生存状态，但并不是该社会的恶意选择，而是一种无奈的选择。也就是说，从一般常理推断，山寨里的居民不会对自己的女人与孩子的死活无动于衷，那些在传统节庆之日对人丁兴旺的祈盼，那些育幼习俗，那些驱鬼避邪保平安的虔诚信仰都可以做证据。之所以这样，实在是无能为力。通过对这一高风险且与每一个人紧密相关的现象赋予种种超自然的联想，各种信仰、禁忌、习俗层层编织，只为安慰人们迈过这人生的重重苦难。所以，在这样的社会中，硬要讲什么男尊女卑，未免过于虚张声势了。但我们从中似乎可以看到一些有可能产生歧视的苗头，习俗中对女性的歧视性的认知与定位，最初应该是基于对这些风险的束手无策与无可奈何。这样的一种认识导致社会对女性的离不得又近不得的总体态度，真正的歧视便在其中潜滋暗长。社会对人类自然属性的异化又一次得以实现。①

在西南地区很多民族中，都有女性不能触摸宗教祭祀物品、怀孕妇女不能参加宗教活动等禁忌，因为女性被认为不洁，会冲撞了神灵，由此衍生出女性在社交活动中的禁忌。②我们由此判断女性相对于男性的低下地位，结论无疑是对的，但仍然缺乏进一步的分析。其实，正是因为女性要在人生过程中承担远多于男性的风险，因而成为危险因素的象征，人们自然会认为她们应该受到某些约束，而她们的“违纪”是对神灵的冒犯。这样的认知与“男尊女卑”是有所不同的。从两性的自然差异到“男尊女卑”，其实是有一个过程的。

由于传统社会中的家务劳动几乎耗尽了女性的全部精力，女性很难在家庭以外的社会公共空间积累更多经验，两性在家庭内外的影响也截然不同。这样的状态经过漫长的积累，两性在运用自己影响的方式上有了明显的不同之处：男性偏重于刚毅决断，女性更善于润物无声。在传统社会中，主要表现为家庭生活模式

---

① 社会建构本身就是社会对差异的区别利用，对弱者的歧视，是社会建构过程中对差异进行评价后的一种典型表现，歧视对象包括残疾人、老年人、穷人、体力劳动者等，甚至对少数人、少数派也会产生歧视心理。所以，近些年国际上有一种观点，认为对一国的人口比例较低的群体，不应该用“少数”这样的定语。

② 弗雷泽在《金枝》中以大量篇幅罗列了澳洲、非洲的部族对经期妇女及初潮女子的限制习俗。在我国虽然尚未见到过于苛严的禁忌，但结合西南民族中普遍的女性的害羞心理及人们对此事的讳莫如深，可以想见女性的生理现象也是一个给人们带来恐惧与不安的事情。

的类似，即男主外、女主内，男人的生活目的在家外，女人生活的目的在家内。这般分工，在于特定的文化设置只允许男性从家庭中分离出来，去满足社会的更高要求，而社会为了保障自身的代际更替，不允许女性远离家庭。从理论上看，这其中是包含着合理性的，既保证了对社会发展的追求，又保障了群体的持续存在。但社会生活的复杂性在于每一项制度都不可能针对全部的成员，每一项制度也都需要适时地加以调整。而社会生活的丰富性却正是来自这些例外与认识的多变。

不过，对过去的普通劳动者家庭来说，男性只是在理论上拥有家庭外空间，实际上他们中的大多数并没有进入社会公共空间的机会与能力。也就是说，性别分层针对不同的阶层，其表现程度是不一样的，相同的只是在同一层级中男性有优先权，而如果优先权面对的是贫乏，自然而然就“贬值”了。所以对普通的劳动者家庭来说，家庭内空间占据了人生的大部分时空，而能干聪明的女性因在家庭内的日常操劳而获得了一种过程性权力，因为养育子女使他们更亲近自己而获得一种情感性权力。[①]

由于西南地区劳动形式多样，社会阶层分化不明显，两性的生活目的也交织在一起。社会的发展程度没有对其成员提出更高的要求，人们的生存状态在低水平上循环。所以，在中央王朝想向这里大规模推广儒家文化的时候，实际的状态就暗含了某种相互的“妥协”，这既有政令传递与执行过程中的效力递减现象，还有文化差异下的冲突与妥协，这些差异本身也是层层递进的：地理地貌气候的差异、不同人们群体的文化传统的差异、社会发展速度的差异、不同文化适应性的差异、不同文化权威性的差异……这个冲突与协调的过程我们可以想见它的复杂，却时至今

① 李晓霞：《娘家与婆家——华北农村妇女的生活空间和后台权力》，北京：社会科学文献出版社，2010年，第226－236页。

日谁也无法说清它的复杂。具体到对两性角色的认知上，则是两种观念的叠加，即在原来的对两性角色还没有形成类别性特点认知的情况下，此方面的空白被王朝国家推行的“男尊女卑”观念覆盖，但社会发展程度又无力承载这样的认知。经过数百年甚至上千年的磨合，就是我们今天所看到的样态：有男权的观念，但行使男权的社会空间不够广阔。

今天西南各民族女性的生理风险大为降低，但近几十年，我们在输入技术与物质的同时，也在输入当地并不明显的对以往两性角色的“男尊女卑”认知。于是，在这些物质生活极其匮乏的山区，在其实也一无所有的男性身上寻找女性生命所以卑微可怜的部分根源。

20世纪中期，我们迎来了社会的大变革。但我们发现真正对传统社会中的两性角色模式形成冲击的不是20世纪中期以来就一直在宣传的男女平等观念，而是近20年来的当地劳动生计类型的变化，即新的生计方式出现，终于改变了人们的关系模式。

有人认为“性别差异是妇女被排斥的后果而不是原因”①，这是把人的观念置于人的经验前的说法，认为先有观念后有经验，同时对“不平等”的理解亦过于片面。任何一种不平等现象的起源都有着显而易见的“正当”理由，“不一样”正是“不平等”的逻辑渊源。所以，今天也才有人以“一样”为平等的标签。

2007年诺贝尔文学奖获得者多丽丝·莱辛被认为是一个女权主义作家，但她本人讨厌这一思潮，认为女权主义运动过于意识形态化。她将妇女解放归功于技术，认为避孕药和省时的家用电器比意识形态作用更大。② 她在《金色笔记》中，把两性角色的差异当做种种社会矛盾现象中的一个类型来认知，认为其复杂性

---

① 李明霞：《性别不平等的理论分析》，载《财金界》，2007年第5期。

② 《晚年批判女权主义理论》，载《新京报》，2007年10月12日A37。

更多地来自社会与时代的复杂。

矛盾与差异是一种普遍存在的客观事实，不仅存在于自然界，也存在于人类社会的方方面面，可以说，自然差异就是社会差异的逻辑渊源。忽略差异、一式对待是不平等，而因差异区别对待又容易滋长甚至鼓励不平等。在这个悖论中，我们怎样才能取中平衡呢？

第三编

当代性别角色差异的演变

我们自身的行为选择在今天获得了空前的物质与文化保障，选择的不确定性因而将会更为突出，这是导致今后两性角色变迁很难有可以归纳的主要类型特点的重要原因，符合当今时代“各是其是”的特点。这既是每一个人对自信的践行，也导致少数人对自己言行的某种“放任”，客观上自行设置了与他人、外界沟通的障碍。但只有自信的行为人在宽松的环境中才能磨合形成大多数人接受的行为规则，由某些人制订规则的时代已经过去了。

人们对自由的渴望与追求除了心灵的自觉外，还需要财富的托举，财富的创造、积累及其在社会成员中的分布是一个社会发展程度的可视、可量的标尺，人们行为的不确定性则来自心灵的隐匿及其不可测量。“人不可貌相”，财富与心灵能相互成全，却不能互相证明。

人们行为的“无序”既是常态，认知就归于经验了，每个人的体会都是“对”的，他人无由“置喙”。每个人都想把自己的体会表达出来。

而且，我们的追求不一定完全基于我们面对的现实，因为我们自己对现实的把握永远只是“大体上”的。我们追求到的，与之前所想象的也不完全吻合。正如历史可以“大体上”被我们认知，而若干局部却充满了谜团，前后事件的因果关系也如草蛇灰线般似有若无，期待着我们“各行其是”的解释。我们今天也不过就是一如既往地在创造这样的历史。

社会公正与平等是我们孜孜以求的目标，但这个目标我们只能去接近而不敢说实现，更何况在这个追求的过程中还有很多的迂回与曲折。在物质条件的支持下，人们的某些社会差异将缩小，而另一些将会扩大，我们尤其不能确定的是我们自己的心灵——某些社会差异的缩小（如受教育机会）与另一些社会差异的扩张（如教育资源的配置）给我们的心灵究竟带来怎样的影响，这些都要在具体情境中加以体察。

在一定物质及社会条件支撑下的两性社会差异的缩小，同时也提醒我们更要关注三个方面的问题：一是两性自然属性的天然差异及其在当下的连带影响；二是人际交往的普遍规则，不论是礼貌、尊重、宽容，还是冷漠、骄横、歧视，都无关性别的维度；① 三是性别的社会差异与其他社会性不公正有着相同的根源，我们需要的是更深刻地对自己的反省。

所以，本编尽量从常识的角度对两性角色差异这个社会事象加以推测和讨论。每一个具体的学科当然都有专深的知识，但对我们自己的生活的理解却并不需要专深的学问，而是用浅显的常识来理解问题，用专门知识来解决问题。今天的社会环境给予每一个人空前宽松的环境，我们寻求自身个性的努力也会各显其

---

① 那么，“尊重女性”的提法对吗？其实，这是一种纠偏的做法，因为对女性的歧视长期而普遍，有必要特别强调对女性的尊重。“尊重少数民族风俗习惯”亦是同理，并不违背两性、各民族互相尊重这一原则。

能，之所以表现得如此杂乱，只是因为它们都交织在一起。如何整理，也是大有讲究。所以，书中不论是相关的认知或者是看上去言之凿凿的所谓结论，都只是“大体上”的，不过是带有深刻局限性的偏知偏见，以此忝列科学研究，深以为憾。

第九章　两性角色社会差异缩小的一般效应

社会对不同角色的期待，是在漫长的时间中逐渐形成的，但这里说的漫长是有条件的，首要的也是最为重要的是基本生计方式不变。谋生的主要方式不变，两性就可以据此磨合形成最为经济的角色分配模式，在漫长的合作过程中，又形成相应的品性与德行。但如果生计方式不稳定的话，两性角色也就很难有一个可以期待的标准，没有充裕的时间找到在当时条件下最为经济的合作模式。简单地说，就是大家可以从这个共同行为中各自获得最大化“物品”（这里还包括无法量化的安全感、幸福感等）的预期，如果前提条件不明确，共同认可的互利结果自然也难于清晰，何谈实现。

婚姻家庭的实质就是如此，相濡以沫、休戚与共，不过是在漫长的磨合中形成的内化于心的行为约束，是互利条款，别无选择，最后上升为道德准则。这同时也是我们一厢情愿地为婚姻套上的迷人外衣，即人类为婚姻找到的崇高意义，虽然行为现象一样，但其间的人心却各有差异，又被意义聚拢为一个整体。当然，这件外衣也确曾祛风避寒，但对众多婚姻来说，爱情至多只是其中的一个篇章，甚至只是婚姻的附加品或曰奢侈品。[①] 一人即一世界，说的是人心灵的独特性，所谓心心相印因而显出有些

① 参见本书第六章“婚姻形态多样而本质相同”，很多社会学家认为作为一项人类社会中存在最为普遍长久的制度，婚姻不大可能建立在难以琢磨的爱情之上。如果要说古今差异，不过是从婚姻中可能有爱情，发展为由爱情来开始婚姻罢了。

痴人说梦的混沌。如果不是其中一人放弃自我，以他人之心为己心，或者彼此都拿出些屈己相就之态，何来的心心相印？可见，爱情既杳冥难辨，又倏忽易逝。

青年男女相恋，似乎是有爱情的，将来也可以用来装扮他们的婚姻，这比那些没有相恋经历的婚姻看上去当然更华美。但这中间有多少是爱情，有多少只不过是发乎人类本性的行为，难以知晓。何况二者混同一体，有时也无法分清。

如今，我们似乎更加看重婚姻的情感基础，但在对各种社会事件的报道与耳闻目睹中，我们发现婚姻似乎还是更看重物质条件。令人费解的是，不论看重物质还是精神，婚姻都正在日益丧失其稳定的基石。究其实质，当每一个个体的社会差异都“趋同”时，相互间的直接依赖性减弱，建筑其上的“结构”也就日益松散，人类个体的孤独性，即“终极隔膜”显现，相比自己的切身体会，每一种冠冕堂皇的认知都只不过是不得要领的隔靴搔痒。

所以，本章所持的论点是：随着社会财富积累的量的剧增和速度的提高，男女接受教育的机会趋于接近，两性在职业竞争中的能力趋于均衡[①]，即两性的社会差异在缩小。这将导致两性在社会角色上互为弥补的关系逐渐演变为互为竞争的关系，势必影响到两性在家庭中亦表现为互补的原有角色关系的瓦解，但因为生育劳动的分工在现阶段是无法人为改变的，所以，直接表现就是家庭稳定性降低；或者，受教育越多，经济地位越高，女性生育的意愿却越低。

在整个过程中，每一个人都会不断面临各种选择，如何抉择，在受制于身外的繁杂原因时，还与每一个人的心灵相关，而

---

① 当然，男女大学生在就业竞争中表现出明显差异，这很大程度上是由历史原因的积累造成的。但在具体岗位的竞争中，女性的能力日益受到重视，性别的权重逐渐下降。

心灵的深奥是我们每一个人都难以完全把握的。① 至于说新的家庭模式，目前正在花样翻新地出现，尚难归纳出明显的类型特点。②

在此，我们先要讨论一下看似与标题无关的社会平等与生计方式的关系。

一、社会平等与生计方式的关系

一提到平等，我们总会认为这是一个完全正确的概念，无需

① 张中、李秉星：《吐壶故事的空间与欲望结构》，载《南京师范大学文学院学报》，2010 年第 2 期。该文讨论了印度佛教寓言中的吐壶故事：奇人口吐一壶，壶中有馔肴、女子，相与为乐，女子又口吐男子与乐，后又逐次收回。这类故事在中国也有衍生的变体，见于晋代的《灵鬼志》、《续齐谐记》等书，鲁迅与钱钟书都研究过吐壶故事。文章认为这一类故事一方面带有警世的意味，另一方面也表达了某种空间观念：大小互容，诸物相安，而在表达出将情欲归于虚幻的同时，也不再将人的躯体视为一个隐匿欲望的封闭的空间，而是一个随时可与外界交流的开放的虚空世界，在一吐一纳间，欲望显现却又复被隐藏，而其显现与隐藏的空间既可无穷大，亦可无穷小。在数学里，空间里的点是不占位的。吐壶故事也许意在告诫世人：大千世界充满各种欲望，但终归于虚幻。也许这就是佛教对于世界、人生的模棱两可但又十分精明的策略：立在现实幻想虚无，处于虚幻回归世俗。这些也正预示了人作为一种特殊生物的原初性和超越性——既是世俗的，又是超越的；既是现实的，又是虚构的。在此引介这篇文章只为了说明，方寸人心（大脑）收纳着繁复的欲望与感受，其大如海洋，其小如无形。但如何平衡世俗与超越，则永远无法言说清楚，亦难于与他人交流，人们所见的只是欲望的隐匿与显现，并时常会摆脱理智的控制。

② 当我们只是为了衣食而奔波时，我们行为的趋向性是明显的，行为预测也是相对容易的。而在衣食有了保障后，先前明显一致的趋向性会分化，因为每一个人的独特性，这样的行为分化没有明显的趋向性。那些分化后的各种行为现象需要在更高层次上加以协调，形成程度不同的或是互补或是互抑的关系。比如法律对不同集团利益的协调，而这种分化后的行为与思考也会以各种思潮的形式表现出来，因为人们需要给自己饱暖之后的生活赋予新的并且是与众不同的意义，这时社会需要的是言路通畅与包容。

条件限制，但在此我们尤其需要特别讨论一下关于平等的条件限制。

其实，我们也都知道，我们如今常说的平等是指法律意义上的平等，是人格上的平等，或者说是一种抽象意义上的平等。但有平等的观念不值得骄傲，封建时代的君主也会说“天下一家”、“华夷一体”，关键是对平等的追求与实践，这就要求在社会生活中，对平等的追求必须具有可操作性。实际上，在我们的社会实践中，追求平等往往要被分解为非常具体的某一层次上的“一样”。比如把人的权利分为生存权、发展权等，再把人的能力分为若干不同的方面甚至级别。比如现在通行的职业与职级分类，责、权、利形成一套复杂的转换机制。所以，对任何一种追求平等的具体实践来说，它们都是有条件的平等，或者说是把平等“换算”成“一样”。道可道，非常道。一个高度抽象的概念与它的具体存在形态不是一回事，每一个具体的存在也不是概念，即“白马非马”。所以，平等概念与平等的具体实践有着难以把握的距离，我们在追求平等时，具体实践也会有大的差异，这常常让我们难以放下攀比的心态。①

在西南地区，首先广泛存在过的生计方式是游猎生计，之后代之以耕猎。西南地区几乎每个民族都有一部分人口曾以耕猎生计谋生。以上两种生计方式的共同点是狩猎，这与西南地区地貌崎岖、森林广布有关。其次就是游耕，过去主要存在于滇西的横断山地区，但在其他山势崎岖的地方也可散见此种耕作方式。在近几十年中这部分人口逐步改为定居农业。上述几种生计方式归纳起来就是狩猎、采集、原始农耕，共同特点是人口稀疏、短寿命与高死亡率如影随形。人们敬畏鬼灵，与身外世界有高度但混杂的联系。最后是耕牧，主要存在于高寒山区。一片为滇西北，

① 对此，本书第五章中有更为详细的讨论。

包括绵延相连的川西南；一片为黔西北。而最为广泛分布的是集中定居的农耕生计，如在滇池地区及与其相连的南部抚仙湖地区，西部洱海地区，西双版纳、德宏低地。持这两种生计的社会都有了一定的财富积累，有的甚至很早就产生过自己的政权组织，社会性不平等开始表现，主要以人身的依附性为标志。人们与神灵的关系亦显出某种结构性特点：自然——社会——神灵，三者互为镜像，既在反映，也在隐藏；既有夸张强调，也有淡化虚拟。

而在云贵高原向长江中下游及东南丘陵的过渡地区，包括黔西北外的贵州大部、滇东南、湘西、桂西北、渝东，也遍布不同的民族群体，他们以定居农耕生息繁衍于此。该区降雨充沛，植被茂密，冬无严寒，夏无酷暑，是经营农业、林业等种植业的宝地，但地貌极为崎岖，致使内外沟通少，内部互相往来范围亦很窄，人口不能相对集中，社会无以分层，没有成长起来超越本区域的地方势力。官方正史对这一片地区的相关记载也是零碎的。明代在贵州建省，说明了该区的重要，但这是把贵州作为沟通云南的渠道来加以建设的。正因为地理的阻隔，云贵高原的东部片区亦成为文化多样性的又一块沃土。人们与神灵世界的关系密切而相对随意，带有一些世俗的恩怨纠结的色彩。

综上所述，西南地区各民族中，农耕是其传统生计的主要方式。大家都按同一个节律劳动、娱乐、婚嫁，缺乏私人生活空间，习俗与信仰就是最权威的生产生活调节器。

比如吃新节，不同民族有不同的名称，但都是为本年谷物的首次收割而庆祝。但有一个现象可能容易被我们忽略。在山区、河谷，即便是相邻的地方，谷物的成熟时间也不是集中的，那一片已经金黄，这一片却还青绿。所以，吃新节的具体日子在同一个民族的连片居住区也是不统一的，而这次第拉开的庆祝仪式又给相邻的寨子提供了互相来往的机会。于是，请亲戚来做客，到亲戚家做客，绵延数日。[①]

传统农业经济不能给平等概念提供一个萌芽和成长的财富平台。西方文艺复兴时期的思想家认为，平等观念产生于人与人之间契约关系的形成，而契约关系来源于商业活动，来源于社会分工。那么，西南地区，尤其是分布于广袤山区的寨子的经济活动则是因为简单而看起来非常相似，大家都因为身无长物而相差无几，缺乏商业交换。这样的社会，本身就不是催生平等观念的土壤，而正因为社会财富的积累程度较低，其社会性不平等的表现也较模糊，自然也就谈不上追求平等的自觉意识。追求平等伴随着社会剩余财富的大量增加及其分布的严重不均衡，与不平等是同一个社会现象的两面。

在此需要阐明的一个认识就是，在行文中我们只能抽象地说“平等”，但在日常生活中，西南乡村各民族对“平等”的追求通常表现为一种对改善生活境况的愿望与行动，既拓展自己的生存生活空间，同时又希望能保留旧有的生活方式。[②] 这些行为在作为熟人社会的村子里形成一种竞争。[③] 近十多年来，西南地区各

---

① 不能小看这些细小的差异。从常理来推测，山区的居民难于采取联寨的共同行动，介于各自的历史及亲疏关系，也难于组织大范围的共同行为，但彼此之间的沟通又很重要。如此这般波浪展开的沟通行为，在满足人们的交际需求的同时，其实还表现出一种可贵的“共和”状态。如果说这表现出某种群体间的民主，有人会哂笑，我自己也觉得没有来由。但在此我们不要联想欧美“精致”的民主，而只要想想，民主其实就是各方权衡后的共同选择，也就能够理解一二了。

② 在贵州安顺分布着一些屯堡人的寨子，他们是明代初期平定西南时由江南一带征调来的军队，驻守在通往云南的交通沿线，后来军士们繁衍生息，形成今天人们看到的寨子。因为来自富庶的江南，又因为负有皇命，他们绝少与周围的边民通婚，文化上也较少交流。六百年来，江南的汉族文化在不断变化，他们却固守离开时的形式。在前景未卜的艰辛生活中，维持原来的方式就成为应对未知生活的主要依靠，这恐怕不是一个“保守”所能评价的。

③ 桂华、欧阳静：《论乡村社会的熟人社会》，载《中央民族大学学报》，2012年第1期。

民族的生计方式在大范围地转型，五花八门的生计方式给人们对平等概念的理解与追求提供了肥沃的土壤，传统习俗对人们生产生活节律的调节逐渐失效，数千年来的人际关系模式发生了本质上的变化，相关的调节手段逐渐向现代社会靠拢，这其中的核心原则就是平等。正是互有差别的生计样态，使人们在相互交往中有了相互竞争的现象，并因为认知上的一些局限性，而一致地表现为对“挣钱”的渴望①，有钱后在村里重新盖房，房屋的样式也一样，以此提升自己的家庭在村里的地位。由于社会事实的纷繁复杂及观念的滞后性，人们通过不同的生计来改善生活的奋斗过程也表现得异常坎坷。②

二、资源分布与人们的行为模式

从全国范围看，两性差异缩小的一个重要表征是受教育机会渐趋均衡，但在西南地区，这只是原因之一。

本书在前面的章节里已经用大量篇幅阐述历史上西南山区各民族的村庄财富积累水平较低、各种观念稀缺，因而不存在严格的两性分层的社会机制。所以，今天的两性社会差异缩小在这里的连锁反应与东中部是不一样的。或者说，因为原本就没有现象

① 当然也有例外。2009年我在贵州中部结识了一位乡村教师，他热爱本村本地历史，工作之余收集了很多资料，他没有外出打工挣钱，微薄的工资反倒是为此贴补了很多。这样的人虽然不多，但正是他们，扩张了乡村的存在空间。

② 且不说抛妻别子，也不说离乡别土，只说那充满了变数的未知的前方，将必然地改变他们的人生。一些人确实换来了物质生活的改善，进而也改变了乡村的面貌，而在有了更多的新建房屋的村庄中，过去熟悉的生活被映照在哈哈镜里，形状依稀可辨，面目却又浑然不识。而有的村庄里会集中出现犯同一类违法之事的现象，如偷盗、抢劫、贩毒、组织卖淫或卖血等。在调查人员的访问中，这类村子里的一些村民表示，并不知道这些行为是犯法的。

上的明显差异，故而社会差异缩小后在现实中的连锁反应也有其自身的特点。

实际上，西南地区在20世纪中期，社会公共事业才真正开办，但在县以下的乡村里仍然还是有很多空白。半个多世纪以来，公共事业已经有了极大的发展，但总体来说，由于资源还是有限的，加之西南特殊的地理地貌，投入的效益远远低于东部乡村。直到今天，怒江两岸的孩子为了上学，要花数小时翻山越岭，甚至是靠溜索飞越浪涛汹涌的怒江。“凶险的上学路”即使在富裕的东部地区也存在。虽然要走数小时的山路，但山村里的孩子有学上了，只是还吃不上一顿有菜的午饭。1989年我们在云南一个乡里的学校看到孩子们还自带粮食自己做饭；2004年到云南另一个县的中学，这里很多学生来自乡村，他们虽然可以住校，但仍然要一个星期回家背一次粮食，自己烧饭，饭锅就架在三块石头上。冬季的衣物与取暖也得不到保障，更别说洗澡。他们的宿舍，床架破旧，光线暗淡（见图9－1）。云南很多县、乡里的学校就设置在过去的庙宇里，环境倒是清幽了，建筑本身也十分精致（见图9－2），但这些漂亮的房屋年久失修，已成危房，其整体设计、采光等也不适合用做学校。基本的生活保障都如此局促，充足的学习资料、完善的设施与合格的师资，就更是难以想象。值得高兴的是，2011年的“免费午餐行动”，在春季其可持续性还是一个疑问，到10月份，由政府统筹解决了。①

---

① “免费午餐”是由邓飞等500多名记者和国内数十家媒体联合中国社会福利教育基金会发起的公益项目。该项目倡议每天捐赠3元为贫困地区学童提供免费午餐。2011年4月2日正式启动。半年多来，共募集捐款1700万元，惠及湖南、广西、贵州等省区77所小学的1万多名小学生。2011年10月26日，国务院决定启动实施农村义务教育学生营养改善计划：中央每年拨款160多亿元，按照每生每天3元的标准为农村义务教育阶段学生提供营养膳食补助，普惠680个县、市，约2600万在校学生（济南《大众日报》2011－10－31）。

图 9－1　学校宿舍

图 9－2　庙宇的山门，也是学校的大门

教育是一个长线事业，无论政府投入多少，具体到家庭来看，都要先付出：要把十来岁孩子能为家里承担的辅助性劳动免除掉，这对仅仅脱离了温饱之忧的家庭经济而言，影响是很大的；要对他们的上学与学业投注精力；虽说学费免了，但还有各种学习费用，起码的笔、墨、纸张是需要的；如果将来学成离家，能够对家里有所回报的也是少数，意味着之前的投入基本是付诸东流。

医疗卫生事业也受限于特殊的地理环境而不能使更多的人受惠，在家生育被视为正常。五六十岁以上的老人生病，通常用土法应付，应付过去算幸运。近些年开办了农村合作医疗，但有的村民并不理解这个制度的作用，没病就先交一笔钱不说，一旦有病住院，能报销的部分也是有限的，自己负担的那一部分仍然很沉重。

西南地区不是完全没有性别分层的观念，而是因为财富及公共服务品匮乏，极大地限制了性别分层概念的表征，教育无疑成为可以表征性别差异的一个外来资源。但是，这里有一个非常棘手而难解的问题：当社会急需某些资源并正好得到外界的资助时，该资源的有限配置会加剧社会的分化。[①] 这就如本书第五章里所分析的，社会财富的增加是社会性不平等的诱因，而其持续增长又成为社会公正的物质保障。所以如何配置资源就非常关键。集中使用，需要慎重而全面的权衡，且为日后的权利溢出埋下伏笔；广为播撒，则如杯水车薪而难以奏效。

研究民族教育的学者用大量的数据证明，在过去的数十年里，有更多的男童有机会接受教育，而更多的女童则成为家里的辅助劳动力；他们由此批评这些地方的重男轻女观念，并把男女学童比例的不断接近，视为一个地方教育均衡发展的重要指标。

---

① 资源永远都是欠缺的，所以，永远不可能有充足配置。更何况一个社会的发育需要多种资源，不可能所有的资源都是富足的。

这样的认知没什么不对，但总觉得未尽其微。① 外来资源的进入无疑影响了当地社会演变的原有进程。如果继续分析，会有一些新的现象让我们诧异。在大多数相关的数据中，分析的向度比较单一。通常是按民族来考察教育状况：文盲率、入学率、辍学率、升学率等。这样考察的结果，只能得出哪些民族的总体教育水平较为后进，哪些又较为先进；哪些民族的男童更多地进入学校。教育的差异主要是地区间的差异，尤其是农村和城镇之间的差异、山区和平坝的差异，再扩大范围就是东西部的差异。如果我们再细心一些，再耐心一些，从城乡两个不同角度来统计，就会有新的发现。而那些指标较低的民族，也就是主要分布在农区和山村的民族。20 世纪中期以来，城乡的二元结构对教育资源的分布有着导向性的影响，城乡的区隔必定会影响到教育资源的分布，而升学率与师资、家庭经济状况又密切相关，城乡师资配置有着天壤之别。如果我们比较一下同一个民族，因为分住城乡不同的区域，或者家庭有不同的收入情况，则孩子尤其是女孩的入学情况有什么样的不同，那么，我们会发现，在一个发展缓慢、物质匮乏的社会，当某个资源（受教育机会）被注入时，由于无法惠及所有的人，其分配必定会引发一系列的变化（男女适

---

① 记得有一本小说《索菲的选择》，索菲是两个孩子的母亲，因为是犹太人，母子三人被抓进了集中营，德国人要索菲选择留下一个孩子，另一个马上被处死，如果不选，两个都马上被处死，索菲留下了儿子。战后，她因为精神陷入困境不能自拔而选择了自杀。外来的强力有多种，有时是灭顶之灾，这时其他的分析显得十分荒唐；有时似乎是救命的浮板。但更多的时候，难于马上作出判断。

龄学童入学率的差异）。[①] 我们不应早早为这个现象下结论，一个长久不变的社会若要改变，总得有一个部分率先变化，这属于文化人类学里的社会变迁一类，是加速本地发展的一种措施，但后续的导向性措施使这些变迁铺展到社会的各个领域[②]，同时，控制这些变化对社会公正的侵害。从前单向度的分析使我们匆忙地下结论，反倒是把人们头脑中不是很清晰的观念明朗化，变相地成为一种提醒。当地男童入学率普遍高于女童，还有一个很重要的原因是女童在家务劳动中更有价值。

实际上，西南地区的社会公共空间虽然狭小，也是由男性占据，一旦外来的各种冲击到来，首先与之周旋的是男性。20 世纪前半期的男孩受雇读书与 20 世纪后半期的积极入学，都不应为之急于贴上男女不平等的标签。上学的价值色彩不是从来就一样的，也不是在所有地方都一样。教育虽然能够最广泛地改变人们的命运，但教育也是社会结构的组成部分，是国家行政机器的部件，受制于更为深刻、宏大的社会与历史背景。

---

① 在 20 世纪初期，近代学校教育开始兴办，川、滇边地也兴办了官话学堂，并有一定的边民学额要求。但缺额较大，当地的民众并不愿意把自己的子弟送进学习陌生文化的学堂里。一些土司就让奴隶娃子或是雇村里穷人家的孩子代替上学，一些贫困家庭甚至以此为谋生之计。这些“受罪”的差事多半给了男孩（严奇岩：《文化中断与近代西康的“雇读”现象》，载《中央民族大学学报》，2007 年第 6 期）。因为十来岁的男孩对家务劳动的分担远远不如女孩。我们难道可以判断说，雇读是重女轻男吗？2010 年，我在凉山的一个村子里，认识了一位曾代替黑彝贵族子弟去读书的奴隶娃，现已经 80 多岁，因为读了书，新中国成立后参加了工作，参与凉山彝族社会的民主改革，外出参观取经，本以为“因罪得福”，但在后来一连串的政治运动中又经受颇多坎坷。

② 改革开放初期，我们的口号是“让一些人先富起来”，当初不乏一些钻法律空挡甚至是违法的致富行为，随着社会活力的增加，这些空间正在被规范。那么，这些先富起来的人难道是因为他们更受社会重视吗？

西南地区从20世纪初期学童的普遍避学，或是受雇入学[①]，到20世纪中期以后争先恐后的就学，再到如今的流失[②]，恐怕更是一个值得我们反思的现象。首先，上学本身就是目的还是达到目的的途径？其次，搁置甚至抛弃母文化、学习陌生文化的动机的产生背景。

资源有限时，得到和得不到之间必然形成一种界限，进而成为一种社会分层标志。如果要消除这种有与无的象征意义，要么就使大家都拥有，如人人都能够接受九年义务教育，但有的资源永远都是有限的，如高等教育资源就很有限，需要大家来竞争；要么就鼓励大家拥有不同的能力，获取不同的资源，并倡导这些不同人生过程的象征意义的平等。但是，如何把一个全国百强企业的老总与一个山村里老农的人生过程让世人认为无本质差异，是一个几近于无解的难题。所以，需要法律规定底线，也需要我们形成高于法律的认知和融入社会的一些有用的观念与具体的方法。

西南地区的妇女本来就在经济生产领域承担着半壁江山，而男性从传统劳动中的分离，更显出她们的重要。但由于历史的惯性和文化的差异，她们的生活相对于男性更封闭，在面对外界时，确实更缺少一些应对的能力。但只要有锻炼的机会，她们就会毫不逊色。我们只要看看在西部旅游胜地张罗着小生意的妇女，就可以感受到她们顽强的生命力如水般无处不往。

所以，在日益开放的世界里，西南山区村寨里的妇女需要学

---

① 我国的中小学教育普及的主要是以汉文化为背景的国民文化，这样的文化教育在边疆民族地区推广时，面临着跨文化的一些困难，首先是与当地的文化生活脱节，但如果以当地文化为教育背景，对当地外向的发展无益，兼而顾之，则势必难与内地匹敌。在这些选择中，没有对错，关键是让人们有选择的自由。

② 流失主要表现为两个方向：去大城市务工，或接受传统的宗教教育。当然，也有一些孩子因为学业不好但又不够务工年龄，漂在乡里。

习的是如何面对外面陌生的世界，如何从一个以集体意识为生存宗旨的群体中抽身出来，成为一个独立的人。从这个角度来看，男性亦如此。

三、生计方式转型解构两性既成角色模式

西南地区历史上由于社会财富的积累程度较低，社会发育水平不足以支撑严格的两性分层，难以用男尊女卑来说明该区性别角色差异，对该区性别角色究竟如何也没有归纳总结。但此处提到既成角色模式，故而必须要有个交代。

一是西南地区存在性别的社会差异，这更指一种象征意义，缺乏足够的物化表征。二是在西南地区的不同民族中，性别分层的程度不同，在那些差异明显的民族社会，性别等级与其他社会性不平等相伴随，性别分层从属于社会等级分层。三是在日常生活中，西南地区各民族女性由于对家务的操持而拥有家庭事务的实际掌控权，又叫过程性权力①，并由于参与了更多的主要劳动而拥有更多的经济权利；在传统的宗教生活或节日习俗中，男性则拥有仪式性权利。②

本章在开头即已说明，两性角色模式是在生计方式稳定的情

---

① 李霞：《娘家与婆家——华北农村妇女的生活空间和后台权力》，社会科学文献出版社，2010 年，第 233 页。

② 实际的掌控权与仪式性的权力对乡土社会中的个人来说哪一个更为重要？二者由于管理的是不同的领域，管理的方式也不太一样，前者是在进行状态中施加影响，积小成大；后者带有事先的计划与事后的总结性质，对自我有极大的肯定与满足。所以，难于做清楚的比较，同时还要看外围环境。简单地说，在现代社会，二者应该分离，意在互相监督，如君主立宪、三权分立。而在乡村，由于社会空间狭小，个体家庭、家族的多功能性导致仪式性权利与过程性权力的相对含混，所以，有些事务要由男性家长最后决定。需要具体情境具体讨论。

形下，在长期的磨合中形成的。如果生计方式不稳定，角色也就处在相应的随时转换状态中。生计方式的转型不只是个人或家庭的单方选择，而与国家发展方向的选择、社会行业结构的调整、实施的政策有直接关系。自20世纪中期开始，在经过近30年的城乡区隔的管理之后，家庭联产承包责任制使农民可以自主安排农业生产劳动，一旦有了其他就业机会，可以迅速调整生产，析出富余劳动力。村民自治制度的建立，使农民有权利以国家法律为准绳自主管理自己的生活，不同民族社会的传统文化因此得到生存演变的制度空间，孕育了城乡居民一种全新的生活方式。①

家庭联产承包责任制让亿万农民离开乡村来到都市从事非农业劳动，后续影响之深刻是我们所始料不及的。大批青壮年劳动力进入城市，积极作用有目共睹。但由于乡村不能提供给他们与城市居民相同的受教育机会，他们在都市激烈的职业竞争中不占有优势地位，在城市社会中处于较低阶层，在决策机构中缺少代言人，所以，在北京、上海、广州、深圳等各地大城市中几乎占全部居住人口近三分之一的这些农民身份的劳动者的权益随时面临伤害，如拖欠工资、缺失劳动安全保障、劳动环境恶劣等。但与此同时，又形成中国社会转型的巨大契机，除了社会生产、城市建设都有了大变化之外，城市成为“城里人”和“乡里人”全面接触的一个利益场阈，在利益发生冲突的同时，也促成我们对社会公正与社会和谐的进一步追求，建设现代公民社会的各种观念、制度在矛盾的冲突与激荡中得以确立。虽然进城的农民大多只能从事艰辛的体力劳动，但收入仍然超过从事农业生产的收益。老人、妇女、儿童留守乡村，妇女承担了更多的农业劳动，原先较丰满的乡村生活因青壮年男性的离乡而空洞化，乡村的婚

---

① 张跃、何明：《中国少数民族农村30年变迁》（上），导言，北京：民族出版社，2009年，第8—12页。

姻家庭有了更多的变数。

而随着国家第二、第三产业，尤其是轻工制造业、餐饮家政业的发展，乡村女性在都市也有了广泛的就职机会，有的招工企业甚至到某地去专招女工。贵州榕江的侗族女性就曾大量离乡就业……年轻女性的离乡，使乡村进一步空洞化，而这些远离家乡的男女，多数有家无法回，有子无暇育，有老无力顾。本来在人们的正常生活中至为重要的家庭生活对离乡的男女而言，被东奔西走的不稳定肢解。由家庭支撑的精神生活变成空白后，给人们带来深切的迷茫与困惑。

外出打工带来经济状况的好转，村民自治促成传统文化的复活，而都市人在沉重生活压力下形成对旅游的普遍需求，与农民进城务工在形式上形成一个相对完整的循环。乡村成为另一个"城里人"和"乡里人"全面接触的利益场阈。[①] 不论多么偏僻的地方，都有身背背包的旅行者，那些深山里的居民也与山外的世界有了直接的交往，在交通沿线，在民俗独特的地方，旅游业及其附属服务业给乡村居民带来工作的机会，而乡村，仅仅因为是乡村，就可以成为都市人休闲消费的所在。

不论是离开乡村还是留在乡村，都有越来越多的人脱离或是部分脱离了农业劳动，这个变化在极大地改变农业劳动者的面貌及结构的同时，对乡村生活的原有模式也是一个极大的冲击。因为数亿农民生计方式的改变，必然导致他们生活方式的改变，相

---

① 两个场阈中，城里人都占据了主动权。在城市这个场阈，利益冲突更为激烈，但也孕育着社会对文明的进一步追求，需要人们去思考，去发现，去扬弃。在乡村这个场阈，遮盖着一些迷雾，城里人似乎想通过旅游来了解乡村，但其实不过只是换个空间呼吸点新鲜空气，问题是他们会在这个动机下自以为能够了解乡村。最根本的不同在于农民进城是为谋生，在城市中的居留时间较长，而城市人到乡村是为旅游，多是为休闲，时间较为短暂。旅游与谋生，需求显然不在同一个层次上，矛盾冲突和调节的意义也就大不相同。

应的喜好、观念、追求等都会有一系列的改变。以贵州一个侗族行政村为例：2007 年，全村 667 户 3436 人，外出打工约 1000 人，每年寄回约 100 万元。也就是每户都有 1—2 人外出，每户每年都因此有 1000—2000 元的打工收入。[①] 但这 1000 人去往不同的地方，做不同的劳动，有不同的老板和工友，甚至收入也是有差异的……各不相同的生活状态，使传回他们消息的故乡处在一种极富张力的状态中，存在着多种可能性：也许乡里乡亲的矛盾会变得尖锐，乡村由宁静变得喧嚣；也许在各种群体的利益权衡中，个人将会拥有更加宽松自主的生活空间，社会走向更加宽容与理性的状态。而更有可能的是处在这两种状态中间的任意位置。

在过去漫长的农业生计方式时代，西南地区的民族社会通常较难积累起丰厚的社会剩余财富，个体间、家庭间差别不大，通过习俗来调节生产生活节律，大家彼此都没有特别的隐私。[②] 既然社会没有表现出明显的不平等，两性差异也就缺少社会性的深刻介入。

但近年来的变化却是全面的，根本在于生计方式的变化，从而也肢解了既成角色模式。比如原先男童入学率、升学率均高于女童，女童流失率大于男童流失率。但近年来，农村中学男生也在流失，有些人认为与其白白地上几年学且升学无望，上学后又学不来一技之长，莫不如出外打工，还有些收入。虽然社会不平

---

① 刘峰、田书清：《侗族寨老组织的发展与变迁》，载张跃、何明：《中国少数民族 30 年变迁》（下），北京：民族出版社，2009 年。

② 传统的乡土社会没有保护隐私权的概念，但不等于没有隐私。比如女性的生理现象、一些信仰心理与习俗的动机或功能，或者是巫蛊事件等。不同的隐私存在于特定的范围。一般说来，他们可以在本群体中保持大家心知肚明而不公开讨论的状态，但不能对外人泄露。我们的很多调查是以官方名义进行的，调查者以国家名义长驱直入，被调查社会往往没有拒绝的能力，由此对双方关系造成的伤害我们直到今天还没有反省过。但外来者进入陌生的文化环境，终究难以处处掌握主动权，由此亦产生系列影响。

等的制度化基础已被解除，附着其上的性别分层也应该消失，但因为性别的自然差异是不可改变的，因之而衍生的一些社会性差异仍得以保留。相对于男性，女性更多地留在村里，延续了传统上照顾家庭的责任，但男性生计的变动给家庭也带来不稳定，在家庭面临更多变数的时候，女性相对于男性更缺少应对的能力。

所谓角色，不过是一个人在特定的群体中与周围人等的不同关系的集中体现及由此相应地发生并变化着的影响。社会学中将角色分为先赋与获得两类，先赋性为与生俱来，如女儿、某民族人、某地人；获得性又分为被动与主动两类，但界限颇难辨识，大体上可以认为在社会竞争中，处于上风的角色是主动性的，而处于下风的角色是被动性的，上风、下风则是相对的，是临时性的。比如高考中的考中者与落榜者，是临时性的；保洁员的地位虽然不高，但对于失业无特长无收入者来说，就是一个需要主动争取的角色。

不论在什么样的社会中，都没有人能选择出生的地方，在漫长的过去，绝大多数人终其一生都不离乡土，但在现代社会，随着人口的流动，大部分人会在两个以上的地方生活和工作，越来越多的人会有多重角色。那么，这个人曾经在什么样的地方生活过、学习过？家庭情况、社区环境又如何？加之个人的性别、年龄、性格、偏好不同，我们每一个人都是那么与众不同。一个开放社会在接纳这些各不相同的个人或者群体时，会对不同成员有一个相对普遍的角色规范方式与角色期待。而具体到群体与角色，虽有满足社会期待的不同方式，但硬道理却只有一个，那就是对社会期待的主动适应，只是适应的状态大不相同。西南各民族有越来越多的女性接受了高等教育，也有越来越多的乡村女性到城市里求职，对她们的约束较少来自于家乡的传统，而是现代都市的制度与规则。

不论哪一个名词，如社会结构、社会存在、社会潮流，社会在被我们认为是一个松散、无序、杂乱的状态的同时，我们应该看到社会所拥有的巨大的力量。既表现出摧枯拉朽、冲堤决坝的浩荡，又有润物无声、蚕食浸润的坚持，这是社会所持有的特性，与意识形态无关，与历史时代亦无关。社会角色的扮演，需要把握自己所要面对的社会力量的特性。所谓的改造社会，不是改造社会力量，而是借助于社会力量，选择恰当的着力点，事半功倍地让新的主张获得运行的效应。① 人首先是物质性的存在，谋生方式的改变必然使构筑其上的生活方式发生一系列变化，但也正因为人的物质性，犹如风筝线将风筝牵住一般，这些改变终将围绕着这个物质特性。人又是一种意义动物，所以，始终围绕着生活方式的改变去建构人生的不同向度的意义空间。

物质为核心，千变万化始终不能超脱于这个核心，于是就有了对上方空间的向往。

当然，在说到生计结构的变化时，我们总要说到农业劳动力的析出，但在广大的县城及其周围乡镇，还有一个值得关注的现象就是非农人口的增加，这其中包括基层公务员、企事业员工、工商业从业者，也包括脱离了农业劳动的农村人口。这部分人口不仅在绝对数量上较过去有较大增长，在人口比例上也呈现出增长态势。他们生活在城镇，但与农村还有着密切联系，对城镇范围的社会生活的变化有着主导性的影响。一个最明显的例子是，很多乡村的传统节日出于生产生活的需要，原本就是沟通不同村子的方式。30 年前，因为有规模的人口流动几乎不存在，城乡间人们不仅在经济上隔离，在文化生活方式上也互不往来。但近些

---

① 有一则巧克力的广告给人深刻印象。在旋转着的白色液体中，加入深褐色的巧克力液体，关键是勿使液体外溅，在不需搅拌的情况下，随着原先的旋转，两种液体逐渐混合为均匀的褐色。人类社会一旦结成，运转的力量就持续不息，正是各种差异的存在，成为社会不断追求平衡的动力。

年来，这些节日成为城乡共同的节日，很多城镇居民在农村还有父母、兄弟姐妹，使这些节日时段上的乡村，成为操着各种生计方式的人们交汇的空间。由于汇集在一起的人们都是“熟人”，所以这些交流极大地影响了人们对未来生活的想象与安排。

图 9－3　水族欢度卯节场景

图 9－3 是水族在欢度他们的卯节，当日来参加节日活动的人十分庞杂，甚至还有外国人。图中的山冈是水族青年男女对歌的场所。面对众人的围观和无处不在的镜头，青年人的歌喉恐怕也要被卡住了，“养在深山”的风情如何不“怯场”？

但是，这同时也是一个城乡“大联欢”的日子。对歌谈情的功能色彩虽然淡化了，但人们在这样一个“由头”下，在这样一个特定的空间进行交流，是对城镇中千篇一律生活的丰富。

类似这样超越了传统范围的民族节日在各地都有，如大理的三月街、西北的花儿会、草原上的赛马节、蒙古族的那达慕，功能也日益多样化。这不同于都市居民的“农家乐”乡村游，但两者虽然立足点不一样，却都可以做更加深入的开发。

四、西南民族两性角色变迁

在宏观上讨论这个议题，有内外两个角度可以观察。

由外来看，作为国家社会总劳动或行业结构中的组成部分，西南地区不是粮食主产区，也不是制造业的主要分布区，第三产业也只是在近十来年才有较大的发展。西南地区最大的优势是绮丽的自然风光与多样的文化传统，这使该地区成为旅游业的重点区域。所以，西南地区第二产业、第三产业的从业者还会持续增长，但与东部不同的是，这样的增长是内部人口从业结构的调整，而不是外部人口的进入①，政府应该做的是提高这些人员的劳动技能。

由内来看，西南地区地形崎岖，难于形成农业的规模经营，但在群山万壑之中却可以开发规模经营无法实现的特色农业，由于它规模小，并囿于其种植所需的独特地理条件而无法推广，只适宜发展为园艺农业。在提供了特色农产品的同时，这些特色农业本身也是极有价值的旅游产品。西南各民族的特色农业与其传统文化是融为一体的，与他们所处的特定地理空间高度契合。发展当地的特色农业与保护民族传统文化是同一个事业。特色农业既可属于第一产业，亦可属于第三产业中的旅游业，特色农业的

---

① 近年来有一个现象我们应予关注。西南地区的高校，尤其是云、贵两省的高校，多年来主要招收本地学生，但东部一些省份的考生因为难以达到本省居高不下的录取线，纷纷选择云、贵两省高校，即使一些大专院校，学生也是来自全国各地。来自五湖四海的学生有利于激活并丰富当地文化，但云、贵两省本就相对稀缺的教育资源则可能被挤占。本省的优秀高考生希望到外省，省内的高校又逐渐增收外省考生，他们毕业后将进入省内的高阶层岗位。于是，民间社会与主流社会各不相干的局面也许会出现。

从业者因此也获得新一重的劳动身份。

侗族、苗族、布依族、水族等，在他们的传统节日中，都要用到五色糯米饭，五色糯米饭成为这些民族传统节日文化的物质表征。五色是用特殊的植物染成的，糯米饭则是用当地的一种特殊的稻米煮成，其植株高壮，既耐得住久旱不雨，又经得住淫雨浸泡，还能抵抗山区的寒气，因其高壮，在其水下可养鱼，“饭稻羹鱼”由此而来。到收割时，手里握一把小刀，一穗一穗割下，一捆捆架在晒粮架上。其不够理想之处是单产量较低。贵州东南都柳江一带是传统的糯稻种植区，但在改土归流时代、民国时期及新中国成立后的“以粮为纲”的年代，为了增加粮食总产量，大范围进行“糯改籼”，糯稻种植面积逐渐被压缩，当地各族以糯米为主食的饮食习惯亦逐渐变为以籼稻为主食，糯稻制品只出现在节日及宗教仪式上。[①] 但籼稻与当地山区的气候条件难以完全适应，不能抵抗山区特有的低温，雨水一淹即倒伏霉烂，并因为植株不够高，养鱼也难以成功。所以，一些深山区还保留有糯稻的种植。这种表面上看去仅是种植业的一个技术性问题，实质上却是强势的汉文化对山区各民族传统生活方式的排挤，在过往的年代，出于解决民生问题的需要，无可厚非，但在今天，我们有必要重新认知当地各民族长期摸索出来的生产生活智慧。

贵州中部的喀斯特地貌导致该地区炎热缺水、土质瘠薄，当地苗族逐渐发现不同植物生长特性的互补性，摸索出多物种匹配种植模式，“这些地块中不仅有高大的乔木，还有半驯化的野生植物，如小米、南瓜、玉米、红薯、饭豆、菜豆、豇豆、豌豆、天星米、薏仁米、荞菜、高粱、苎麻等。从种植作物的对象与匹配比例看，有以下三个共性特点：其一，这些农作物中，藤蔓类

---

① 严奇岩：《黔东南地区“糯禾改籼稻”的历史考察》，载《古今农业》，2008年第3期。

作物占有很大比例。其二，农作物中丛生类作物也占有较大的比例，如天星米、薏仁米等。其三，大多数农作物种子呈圆形，而且颗粒较小，撒到地上后，会很快滚落到岩缝中去。从种植样式上看，这些作物没有清晰的行株距，但在空间上有明显的层次感，可以划分为四个层次。最上层是高大的乔木，第二层是直立的高秆作物和藤蔓植物，第三层是匍匐类藤蔓植物，第四层是贴近地表的苔藓类植物，它们将地块覆盖得密不透风”①。这既是因地制宜的种植技术，也是一种可供参观享受的园艺农业。恢复生态的改造工作，要利用当地民族的传统智慧，坚持最小改动原则。

与各民族传统种植技术、传统节日文化相结合的特色农业，目前有待进一步发展，从自种自食发展为给市场提供特色农产品，而种植与加工环境则成为“乡村游”的产品。这些早已为村民所熟知的传统生计可以吸纳一定的劳动人口，如此才有条件使原有的传统生活模式得以延续，即便改变，也呈现为一个渐变的过程，而不是如我们所看到的“残酷的断裂”。地貌复杂的西南地区特色农业的发展，有望成为我们田园梦想的现实样板。

图 9－4 是一户农家用自种的糯稻酿酒，酿成的酒自有一番乡村怡然风味。

与安徽、湖南、四川等省相比，云南、贵州的农民中外出务工者比例较低，云南又低于贵州，这一方面与观念及文化差异有关，但还有一个因素，那就是出行的成本。云、贵地区远离经济发达区，从家乡到工作的城市，路费会占去收入的相当部分，来回一趟几百元，对月工资千余元的农民来说，很不合算。此外，云、贵乡村的农民多半还在使用本民族语言，很多妇女不会说汉语，更不会说普通话。沟通的障碍会使一个人形成封闭的心理，

① 田红：《喀斯特石漠化灾变救治的文化思路探析——以苗族复合种养生计对环境的适应为例》，载《中央民族大学学报》（哲学社会科学版），2009 年第 6 期。

图9-4　农家自种的糯稻

更容易导致在陌生都市里受到伤害或因自保而违法。

虽然不去遥远而又陌生的“北、上、广”，他们也会就近从事一些非农劳动。西南地区的很多县城30年前不过就是一条街，现在也有了高大的楼房、宽敞的马路。县城、乡镇的建设，只能靠当地的农民。城市化的进程在全国铺展开，但在西南地区，不是汹涌而来的人潮，而是蔓延开来的城镇建设及由此吸纳的临近村庄里的农民。随着东部地区制造业的升级，一些低端产业将内迁，云南、贵州的农民还会不断从农业中分离出来。

不论如何，生计方式转型是角色变迁的主导诱因，虽然每一个家庭生活方式的变化都有若干深刻的政治与社会原因，但对普通大众来说，并不需要十分清楚这些深奥的内容，只是在国家政策允许的范围内各尽所能。所以，有的时候，我们各自养成的性格特质会起到很重要的作用。

两性为各自角色所做的努力促成各自性别特质的养成，作为一种社会文化的表征，具有文化上的传承属性。我们固然不认为温柔是女性专有的性格特质，但我们无法否认温柔是养育子女所需要的性格特质之一，而女性的劳动主要是在家庭里，在养育子女与繁琐的家务劳动中，温柔、周到是有利于完成角色劳动的性格特质。这些特质积累并“遗传”，使两性差异在婴幼儿阶段就表现出来。刚强也不是男性专有的性格特质，但我们同样无法否认刚强是养家糊口需要的特质，而男性作为这一劳动的普遍承担者，这个特质在男性身上更为突出。性别的性格特质虽说主要是后天形成的，但确实表现出某些遗传特点，追根溯源，是因为这些特质所由形成的社会文化体系没有发生大的变化。

在社会动荡时期，在物质匮乏时期，两性分工明确有利于提高劳动效益。但到今天，生存的技术日益丰富和完备，社会的普遍追求也是稳定和安全的，两性社会分工的效益弱化，但两性在漫长的过去形成并积累的性格特质却给今天带来不同的影响。竞争性学习需要更多的细致与耐心，从性格养成与积累方面看，女性显然更有优势。尤其是我国现阶段的应试教育中，久坐、收敛心性等要求，都更适合于女性，而对活泼好动、爱嬉闹的男生则形成约束，于是女性在学习上表现出普遍的优势。漫长历史中积累养成的女性性格特质有利于女性在学校的学习，而因为接受了良好教育，改善了政治经济文化地位的女性又会倡导改变女性性格积累的方向，随着时间的推移，两性性格特质亦将逐渐接近。①

现代社会分工日益复杂化，但性别的社会差异在走向趋同。这样的趋同会不断触及两性自然差异的底线，如代孕、精子库、人类胚胎的克隆等。而我们的伦理是以这些自然差异为基础建立的，这些碰触底线的试探在给我们带来困惑的同时，我们也必须试探着予以回应。

---

① 当然，这只是从大体上而言，即使在性格就是性别的年代，也有花木兰。在两性差异趋同的今天，仍有男性乐于标榜自己是“大老爷们”，有众多女性想以男性为生活靠山。

后　记

说到如今一些人文科学的研究，切不可奢谈什么创新，不过是在特定的时代、特定的环境中阐述日益特殊化的认知，其间的道理几千年来已经被中外汗牛充栋的著述阐说透彻，本书也是有不多无不少。

可是，我们为什么要大量积攒这些看起来对社会的存在似乎并没有什么推进的所谓研究呢？中国目前8%左右的年增长速度确实是举世瞩目了，可是那92%呢？它的意义何在？它的意义是“维持原有规模”。逆水行舟，不进则退，它相当于那个“不进不退”的支撑。可见艰难而又珍稀的“进”，必须依赖于那个恢宏的“后盾”。

于是，心里有了一丝坦然。

本书得到了“教育部人文社会科学研究一般项目”资助。值此炎炎夏日，特向对本书出版给予帮助的单位和个人表示感谢，尤其向负责联络接洽本书出版的中央民族大学出版社李飞老师致以感谢！

李　劼

2012年7月16日